나는 어떻게 물들고 있을까
김홍섭 시집

인지 생략

들꽃시선 154
나는 어떻게 물들고 있을까

지은이/김홍섭
펴낸이/문창길
초판인쇄/2024년 05월 20일
초판펴냄/2024년 05월 25일
펴낸곳/도서출판 들꽃
주소/04623 서울 중구 서애로 27 서울캐피탈빌딩 B2-2호
전화/02)2267-6833, 2273-1506
팩스/02)2268-7067
출판등록/제2-0313호
E-mail:dlkot108@hanmail.net

값 12,000원
*파본된 책은 바꾸어 드립니다.

ISBN 978-89-6143-238- 2 03810

김홍섭ⓒ2024

들꽃시선 154

나는 어떻게 물들고 있을까
김홍섭 시집

| 시인의 말 |

봄은 긴 겨울의 기다림 후에 오는 축복이다. 온 산과 들에 만연한 봄꽃들의 환한 웃음은 이 땅의 만상들이 올리는 노래와 웃음이며 삶속에서 우러나오는 기쁨의 송가다. 햇빛과 비바람 맞고 자라고 성장한 풀과 나무와 숲은 열매 맺고 달빛에 그을려 단풍으로 물들어 가며 한 우주로 여물어 다시 새 삶을 이어간다.

새벽을 달려 와 어둠을 뚫고 빛을 향해 다시 달려온 새벽 파도처럼, 저 멀리서 높은 갈기를 곤추 세우고 달려와서 낮은 해조음으로 모두를 용서하며 낮추어 침잠하는 파도처럼, 비워지며 다시 충일하는 바다처럼 우리의 삶과 시간은 지속되고 온전하다

오랜 칠흑의 밤을 기다리는 자에게 새벽이 오고, 긴 땅속의 질곡을 기다린 애벌레에게 나비의 춤은 온다. 눈물로 씨 뿌린 농부의 아픈 기다림의 가슴에 추수의 가을이 온다.

강물이 깊어지고 벽송의 고아한 노래는 한 여름 더위와 찬 바람의 오랜 기다림과 심연까지 비워낸 그득함 때문이다.

　꽃피는 봄산 종달이 소쩍새 울면
　나는 어떻게 노래하고 있을까
　비바람 맞고 달빛에 그을려
　나는 어떻게 물들고 있을까
　이른 서리에 붉어지는 단풍에
　나는 어떻게 여물고 있을까
　보슬비에 진눈깨비에 젖어
　나는 어떻게 비워지고 있을까

2024년 5월에 김홍섭

| 추천사 |

시의 여정, 삶의 여정

 잘 산 한 사람의 한 생애를 어떻게 표현할까? 만 권의 책을 읽고(讀萬卷書), 만 리의 길을 가고(行萬里路), 만 명의 사람을 만났다면(交萬人友) 잘 산 인생이라고 할 수 있지 않을까?

 김홍섭 시인의 세 번째 시집 '나는 어떻게 물들고 있을까'를 읽으며 옛사람이 남긴 지혜로운 말을 떠올렸다. 이번 시집을 펴자마자 와락 달려드는 화려한 여행의 기록들 때문이었다. 국내외에 걸친 다양한 여정들을 공유하면서 시인의 풍부한 감성과 만날 수 있었으니 이는 우리가 이 시집을 읽음으로서 얻을 수 있는 복이라고 하겠다.
 시인은 또 우리가 함께 사는 이 시대에 대한 성찰을 보여준다. 문제 많은 시대, 그러나 아름다운 이 세상을 우리가 어떻게 가꿔 가야 할지를 찬찬히 일깨워준다.

사람은 사람을 만남으로서 삶의 당위성을 갖는다. 그런 점에서 함께 사는 세상을 위협하는 존재나 현상에 대해서는 분노할 줄도 알아야 한다.

시인은 왜 시를 쓰는가? 시대에 대한 애정과 분노를 시로 표현하기 위함이다. 그래서 우리가 함께 사는 이 세상을 조금이라도 낫게 해서 후손들에게 물려주기 위함이 아니겠는가?

김홍섭 시인의 시들을 읽으며 이런 발견을 한 것만으로도 우리는 그에게 감사해야 하지 않을까? 잘 물들고 있는 그의 시적 여정이 복되기를, 그래서 우리에게 그 복들을 계속해서 시로 보여주시기를 당부드린다.

유자효 시인

| 나는 어떻게 물들고 있을까 |

차례

시인의 말 _4
추천사 유자효(시인)_ 시의 여정, 삶의 여정 _6

제1부 유적의 새소리

유적의 새소리 _14
델리의 아침 _16
네팔 어느 노인 _17
히말라야 _18
히말라야 일출 _20
갠지스강 _22
인도 기차 여행 _24
새벽 파티마 _26
해바라기의 사랑 _28
세비아 대성당 _30
시에라 네바다 산맥 _32
땅 끝에서, Cosa de Rosa _34
빌바오 가는 길 _37
당신은 _39
그래 봄비 내렸지 _41
황사 속에서 _43
사랑하는 누님 _45
백부장의 노래 _48

| 나는 어떻게 물들고 있을까 |

제2부 나는 어떻게 물들고 있을까

발을 씻기시며 _52
고호의 집 _54
아들의 전화 _56
템피스트Tempest _58
빅토리아 폭포 _60
희망봉 _61
온역瘟疫 앞에서 _62
만주 벌판 _64
동백꽃 _66
우리가 나이 들어 _67
꽃 하늘 _70
너희 가는 길 축복 넘치리 _73
봄 산 _75
카스피해 _77
암각화의 그대와 우리 _79
야생화, 카프카즈 산맥 _82
나는 어떻게 물들고 있을까 _84

| 나는 어떻게 물들고 있을까 |

제3부 그리움 크면 산되지

너른 푸른 들판 _86
발왕산의 가을 _87
오죽헌의 오후 _89
염하강 _91
뒷 모습 _93
진도 팽목항 _94
드브로브니크 _97
미우라 아야코(三浦凌子) _99
그날이 올 테니 _101
눈밭에 선 소나무 _103
5월 보리밭 _105
그리움 크면 산 되지 _107
6월의 바다 _109
반달 _111
귀가 _112

| 나는 어떻게 물들고 있을까 |

제4부 철조망으로 빚은 평화 십자가

눈 속의 전설 _116
산아 _118
철조망으로 빚은 평화 십자가 _120
함께 나는 기러기 _122
천자암 쌍향수 _124
새해 기도 _126
새 술은 새 부대에 _128
겨울 강변에서 _130
금계국 필 때 _132
옷자락이라도 _134
땅에 떨어진 부스러기라도 _136
눈 오는 날 _138
산수유 _140
화해를 위하여 _142
40년 하고도 2년 _144
산이다 _146

- 작품해설 이지엽_ 신뢰의 신앙과 역사적 성찰 사이의 거리 _154
- 발문 문창길_ 구도적 구원성이 신앙의 언어로 구현 _184
- 발문 염선옥_ 비상하는 주체의 소리 없는 사유와 물듦의 언어 _186

제1부
유적의 새소리

유적의 새소리

수백 년 넘는
사이프러스 나무
하늘 높이 솟고

잠든 유적의
숨은 전설들이

꾀구리꾸요
꾀꾸리꾸요

주고 받으며
노래하는
수천 년의 시간

무너진 성벽

인공이 흩어져
자연으로 돌아가는

낮은 땅과
흙의 회귀

꾀꼬루 끼고
끼루꾸 꾸구

천년 여름 한 낮

새 소리만
잠든 공간에
메아리 친다

델리의 아침

짙은 안개로
조용히 깨어나는 거리

검은 눈동자들의
아침 인사

힌두 의상 입은 너도
먼 길 나그네 나도

고원과 대양 도시
부타, 간디, 타골

나마스테
환영의 노란 꽃 목걸이

먼지, 자동차, 오토바이
안개 같은
소박한 오랜 전설의 도시

네팔 어느 노인

네팔 카드만두 산허리에서
덜컹거리는 산길에

자동차 먼지
안개같이 달리는데

한 시골 농가에
먼 곳을 바라보며

누굴 기다리나

허옇게 머리 이고 있는
네팔의 늙은 노인의
푸른 눈

히말라야

하얀 성으로
우뚝 솟은
장엄한 자태

햇빛을 발하며

산위의 산
구름 위의 구름
높음 위의 높음

시간 위의 시간
너름 위의 너름

함부로
히말라야를 말하지 말라
함부로
히말라야를 노래하지 말라

너 욕심으로 가득찬
교만으로 찌든 너여
쉽게 산을 얘기하지 말라

거기 신이 사시나니
거기 영겁이 머무나니
거기 깊은 심연이 솟나니

함부로 대양을 노래하지 말라

산의 바다
바다의 산
계곡 속의 계곡

어둠의 산
빛의 산

히말라야 일출

네팔 어느 이름 모를 시골 언덕에
좁은 공간 꼭대기에 모두 모여
여명의 일출을 기다린다

새벽 추운 공기에 옷을 여미고
뼈 속까지 시려오는 찬 공기에도
마다 않고 모두 동쪽 히말라야 산정을
바라본다

한 참을 기다려도
해는 구름 속에 자태를 감추고
동쪽 끝에서 온 나그네에게 기어이 얼굴을 감추고

기다리다 지쳐 포기하고
마침내 돌아서는 내게

오히려 뒤편 높은 산정山頂을
붉게 비추고 전설처럼 솟은

육중한 몸체를 나르는 산새처럼
높고 가벼이
웅장한 폭포의 우렁거림으로
빛나고

안나푸르나 1봉 2봉 3봉 4봉
마차푸차레 남중희말 히운추리

가시떨기 나무사이
불길로 보이시던 얼굴을 기다리던 이들에게
빛나는 산의 옆모습으로 보이시는

높은 곳만 찾는 우리에게
깊고 낮은 마음자리도 비추시는

갠지스강

꽃 바치고
불 바치고

아침 저녁 기도

생사의 길에
삶과 죽음의 공존

냄새와 허공에 울리는 종소리
새벽 안개
저녁 노을

가난
미망인가
믿음인가

생과 사가 만나는
강물과 시간의 흐름

갠지스의 안개

인도 기차 여행

어느 인도 광활한 들판을
기차는 포물선으로 달린다

지천으로 피어난 유채꽃
들판의 노오란 세상
바람에 흔들리며 함께 핀다

오가는 차들의 먼지와
매연에도

달리며 흔들리며
아이들은 피어난다

어린 시절
유채꽃은 즐거움이었다

꽃을 따먹고
잎 줄기로 어머니는 나물을 해주셨죠

유채기름은 식탁을 풍요롭게 하고

바람에 흔들리며
오늘도 유채꽃 핀다

흔들린다 노오랗게
노오랗게 온 들판이

새벽 파티마*

구름들 오롯이 솟아
서로 바라보고 대화하는

둥그런 소나무들
잔목들 우거진

양떼들
양치기 소년들
성모님 발현을 보내

괴롬과 슬픈 세상에
위로와 평안 주시려
목동들에게 보이시니

사랑과 자비

속 좁은 시대
믿지 못해 핍박당한 아이들

여기
기도와 정성을 모아
거룩한 성지로
많은 외로운 사람들 모이는

세계의 성지
붉게 여명 밝아오고

아침 이슬 머금고
파티마는 오늘 하루
거룩한
아침을 맞는다

* 포르투갈의 카톨릭 성지.

해바라기의 사랑

내 그대 사랑함은
그대 바라봄이니

일 년 사시 그대 있음이
내 숨의 이유이니

아침부터 저녁까지
그대 바라보나니

저녁 밤에 그대 없는
내 좌절의 시간에
저 별마저 사라지리니

온 종일 온 시간
그대 그리며 꿈꾸며
숨 쉬며 바라보며 심장 뛰나니

그대 향해 걷고 달리고

넘어지고 다시 일어나고

나의 태양이여
달빛이여 별빛이여

온 삶 그대 향해 타오르다
안으로 열매 맺어

마침내 사랑으로
온통 익고 타 들어가
내 가슴 빨갛게 영글어 왔노니

내 까만 결실 그대 것이오니
나의 사랑이여 죽음이여
나의 삶이여

세비아 대성당

세계 3대 성당이라는
황금으로 치장한

성물보다도
지도자의 욕망이 섞여

콜럼버스의 꿈과 도전에
열린 대항로
황금과 향료와

신세계의 모든 보물들을 기둥에 새긴
세비아 대성당보다

어느 촌로의 주름진 얼굴에 비친
저녁 햇살 더 성스러워

어느 아낙의 구겨진 앞치마 자락에
쌓인 흙 묻은 감자 몇 덩이

어느 아이들 저녁 골목에
소리치며 내 달리는

어느 중세 성주의 4두 마차 보다
여기 무릎 꿇은 한 나그네의
외로운 기도
더 아름다우리
더 성스러우리

여기 콜럼부스의 꿈과 도전에 열린 대항로
황금과 향료와 많은 생명과
신세계의 모든 보물들을 기둥에 새긴
세비아 대성당에

좌절된 아버지 꿈을 기록한
아들의 열정이
왜 나는 더 슬픈가?

시에라 네바다 산맥

눈 덮인 설산
시에라 네바다

산정에 구름 머물고
장엄한 산줄기로
에워싸는 중심에

너 빛나는 알함브라
알함브라

오랜 역사와 믿음과
갈등과 투쟁

신과 인간의 교통
갈등과 합일

이사벨라 페르디난트
영웅들의 믿음의 미망

기다림의 성취

오호 긴 기다림

운명의 빛
미와 조화 성스러움
인간의 성취

신과 인간과 자연의 조화
시에라네바다 알함브라 궁전

땅 끝에서, Cosa de Rosa

여기 유라시아 서쪽 끝에
휘몰아 오는
대서양의 돌풍

뿌리 채 뽑힐 듯 흩날리는 머리칼
작은 잔목들만
강인한 선인장 무리들만
척박한 바람의 땅에
무리지어 피었다.

저 대양의 물보라
회오리바람
그 속에 휘몰아치는 마녀들의 속삭임

분노와 질투와 시기
욕정과 정염과
쾌락과 슬픔과

저 어느 대서양 작은 섬이었을까

저 센트 헬레나
저 라스 팔마스

깊은 심해어로
검은 숨 쉬는 혹등고래로
깊은 숨쉬는 범고래로

우리가 침잠했을 때

엔리케, 바스코 다 가마, 마젤란
넬슨도 나폴레옹도

저 대양을 향해 꿈에
벅찬 가슴 열어 날아가던

저 대서양이었을까
저 지브롤터 작은 입구였을까

내 삶의 시작은
그대 운명의 항해는
우리 도전의 출발은

너도 마젤란이다
너도 바스코 다 가마다
너도 콜럼버스다

이 곳 땅 끝에서 외쳐라

바다여 이리 오라
내가 여기 있다

파도야 어서 오라
유라시아 동쪽 끝에서 온
내가 간다
우리가 전진한다

빌바오 가는 길

아직 잠 깨지 않는 대지에
여명의 빛
오렌지 빛으로 빛나

구름 낮게
산 위에 자고

작열하던 태양의 대지도
작은 불빛에 젖어 있다

잠들다 깬 그믐달
들판 위로 아지랑이 아롱거리듯
이즐대며 이울어가고

이베리아 반도
피레내 산맥 여명 속에
붉은 태양을 감추고
아침 들판은

또 힘찬 하루를 준비하고 있다

당신은

당신은 그런 사람입니다
내게 아름다운 꽃을 선물하고도
미안하다고 말하는 사람입니다

비싼 목걸이를 사주지 못해
못난 사람이라고 말하는
당신은 그런 사람입니다

내가 아파 손 하나 까닥하지 못할 때
밤을 지새우며 간호하면서
나를 지켜주지 못해 미안하다고 말하는 사람입니다
당신은 그런 사람입니다

넘치는 사랑을 주고도 더 주지 못해 항상
미안하다고 말하는
당신은 그런 사람입니다

당신은 내게 무엇을 더 주려하지 말아요

당신의 존재 자체만으로도
내 생애 제일 큰 선물이니까요
당신이 내 생명수이니까요

더 많이 주려
더 많이 사랑하려하지 말아요

당신 자체로 충분하니까요
당신은 나의 생명이니까요

그래 봄비 내렸지

봄꽃들 다퉈 피고
봄비 네 머릿결에
내릴 때

잎새에
나무 가지에
빗방울 영롱할 때

그대 눈망울
더 빛날 때

먼 날 함께 걷던
돌담길 시골길
과수원길 종로길

아니
저 아프리카 초베강 노닐던
코끼리 하마들

칼라하리 사막의 외로운 방울뱀

그대 머리 흩날리던
희망봉 거친 바람

다시 봄이 오고
또 봄비 내렸지

먼 훗날의 오늘처럼
먼 옛날의 오늘처럼

마주 앉아
우린 손 잡았지
생사는 여기 있다고

산모퉁이에 저녁연기 오르고
한강 하구 어디에
안개 진해질 때

봄비 내린 날
그때 우리는

황사 속에서

희부연 안개가 좋았지
힘든 오늘 보다

안개 끼어 잿빛이 좋았지
이생 아닌 것 같은
어느 꿈나라 같은

모난 윤곽보다
둥그스런 너의 모습이 예뻤지

마구 달리며
눈발 같은
보슬비 같은
희부연 누런 들판을 달렸지

보리밭 파란 이랑 건너
황사에도 봄꽃들은 한창이지
꽃샘바람에도 꽃피고 잎나지

황사도 꿈이던 환상이던
미망인줄 모르고 꿈속을 달리던

누런 미망속에서도 꽃은 피고
우리는 달린다

사랑하는 누님

조용한 찬송곡 너머로
은근히 웃으시는

아름다운 많은 꽃들
사이에 미소 지으시는
누님

생전에 많은
그리움 기다림

많은 사랑과
섬김의 삶 사시고

자녀손들, 형제들
이웃들 향하여

조용한 목소리로
그윽한 미소로

사랑을 전하시던

눈가 웃음으로

용서와 화해
신실한 믿음을
보이시던 누님

부활절 앞 둔
고난 주간

주님의 고난에 참예하시려

주님과 함께
낙원에 이르시는

하여
사랑하는 어머님 아버님 뵙고

천국 정원 걸으실
뭇 꽃들 만개하고

많은 새를 노래하는
낙원에 부활하실

이 땅 우리 가슴에
사랑으로 소망으로
섬김과 믿음으로

영원한 미소로 꽃필
사랑하는 누님

백부장의 노래

사위에 빛이 사라진
어둠만 가득한
골고다

암흑의 시간

정오에서 세시까지
흘리신 피와 물과
땀과 모든 것 쏟으신

적막의 시간
어둠으로 빛을 가리신
아들의 고난
침묵으로 천둥을 가리신
하나님의 죽으심

그는 진정 의인이었소
참 하나님의 아들이었소

우리들의 참 구주였소

너 죄인아
저 좌도左盜 같이 저주하려느냐

골고다 최초의 고백자
그 백부장처럼

그는 참 하나님 아들
참 메시아 우리의 구주라
외치나이다

목청껏 온 몸을 토해
깊은 침잠으로
노래하나이다
당신의 나라에 나도 있게 하소서

제2부
나는 어떻게 물들고 있을까

발을 씻기시며

자기 사람들을 사랑하시되 끝까지 사랑하시니
하나님께로부터 오셨다가
하나님께로 돌아가실 것을 아시고

끝까지 사랑하시니
모두 사랑하시니
온몸을 사랑하시니
발끝까지 사랑하시니

자리에서 일어나
겉옷을 벗고
수건을 가져다가 허리에 두르시고

그릇에 물을 뜨게 하소서
제자들의 발을 씻게 하소서
가장 가난한 자를 돕게 하소서
가장 냄새나는 형제를 만지게 하소서

화해와 용서의 수건을 두르게 하소서
나와 형제의 교만과 거짓을
나의 분노와 증오와 시기를 닦게 하소서

베드로처럼 거부하게 하소서
냄새나고 더러운 내 발을
온갖 악과 미움의 처소에 이른 내 발을
씻지 마소서

차라리 이 죄인을 그대로 두소서
그러나 크신 목소리
내가 씻지 않으면

네가 나와 상관이 없느니라
네가 나와 상관이 없느니라
이미 우리의 머리부터 목 가슴 허리
온 몸을 씻으시고
마지막 발을 씻으시나이까
발을 씻으시나이까

주와 선생으로 너희 발을 씻었으니
너희도 서로 발을 씻어 주는 것이 옳으니라
이것을 알고 행하면 복이 있으리라

고호의 집

프로방스 최대 원형 경기장
수 만명 모여 소리 지르는 투우게임

아를지방 투우게임은 투우를 죽이지 않는다
두 뿔 사이 붉은 띠를 떼어 내면
게임은 끝난다

아를 카페의 오찬은
스고베더 커피
비오는 유리창가
벤치에 튀기는 빗방울

벗어 더 우람한 골격을 자랑하는
플라타나스

우리는 빗길 언덕을 걸어 올랐지
고호의 자취를 찾아
그의 고독과 천재와

말년에 거처한 정신병원에
보랏빛 꽃 노랑꽃이 비를 맞으며
우릴 맞고 있다

고호가 그린 그림의 복사본이 빗속에
정원에서 외로이 반짝인다

치열한 그의 예술혼
미를 위한 열정과 쓸쓸함
마침내 도달한
몽블랑 Mount Blanc

아들의 전화

꽃피는 사월 지나
유록의 오월 저편에

전방부대 모퉁이 PX 어디에서
들려오는
아들 목소리

안녕하세요
전 잘 지내요
엄마 아빠 건강하시구요?

운동도 하시고
건강하시라는

굵직하며 성숙해진
산맥 같은
폭포 우렁거리는 소리 같은

어린 날의 너와
방황의 십대와

이제
또 역사의 현실 앞에 선
아들의 강물 같은 음성
산 저편에서 들려온다

템피스트 Tempest

저 잔잔한 지중해
더 잔잔한 대서양

어느 한 가운데
섬 같은 우리 인생

파도 밀려오고
바람, 태풍,
사이클론, 블리자드 몰아쳐도

우뚝 선 바위처럼

그래도 파도, 너울 밀려오고
조수潮水처럼 밀어 가던 그대

나를 배반한 친구들 아우들
분노로 갈기 새우고 말려오는 파도

분노로 밀려오는 파도에 난파된
그대 영혼

침잠하는 분노 다시 갈기 새우고
달려오는 알레그레토 증오

마침내 잔잔해지는
화해하라 용서하라

한 번이라도
다시 일곱 번씩 일흔 번이라도

군마들 달리고
태풍 속에
생과 사를 넘어
용서하라 사랑하라
그대의 영혼

* 베토벤 피아노 소나타 17번

빅토리아 폭포

나이팅게일 재잘거리는
잎 진 바오밥 나무 가지위에
햇살 금빛으로 내린다

동서양 여행객들
아침을 먹고 또 어느 숲
어느 강가로 떠나는가

인생은
어느 아침 조찬의 햇살 같은 거

햇살에 맞추어
새들 노래하는 거
그대와 나의 눈빛 사이
아침 신선한 바람 같은 거

저 장엄한 폭포수 같은 거

희망봉

대륙의 끝
폭풍과 절망의 끝

바람 몰아치는
절연의 곳

억겁의 파도와
또 억겁의 절벽의 만남

그 두려움과 절연은
차라리 희망이라 한다

작은 포말 부셔져
해안 디아즈 해안
우리는 그것을 희망이라 한다

두려움 뒷면은 희망
기다림 뒷면은 사랑

온역瘟疫 앞에서

이 땅을 우리의 정욕으로
채우고 게우고 더럽혀
오염된 짐승, 곤충, 박테리아
바이러스의 땅으로 바꾼

당신의 노함으로

아간*의 배반 같은
게하시*의 거짓 같은

우리의 배 밖에 튀어나온
정욕, 탐심, 내장

오늘 여기 온역瘟疫으로
사람 사이를 멀게 하시는

더 친하라
네 몸같이 사랑하라

배반한 우리들에게
너희 원대로 더 멀어지게 하시며
만나 대면해 함께
밥 먹고 차 마시고 얼굴 부대끼기도
금하노라

오 새벽 닭소리에
통곡하게 하시고
속 좁은 요나* 같은 우리
용서하소서

이 땅 구해 주소서
내 몸 같이 사랑하게 하소서

*구약성경에 나오는 인물들.

만주 벌판

노오란 단풍으로 덮힌
대,소홍안령 길림 흑룡강
만주의 가을 산

구불구불 강물이어지고
농울쳐 호수이루며

노랑 빨강 초록
어울려 강산을 수놓은
산과 평야와 강의 교향악

거기 흰 옷 입은 백성들
일하고 낳고 거두며
땀 흘리며 노래하며
대를 이어

늑대 새끼를 키우듯
올빼미 어린 것을 돌보듯

마적과 싸운 아지매들의 치맛단
허름한 옷소매에도 선연한 독립군
그 피맺힌 눈 빛

논밭 일구며 땀 흘리던
말 달리며 달리며
활 쏘며 쏘던

후예들 이제 불굴 정신으로
여기 묻힌 선열들의 피땀으로

땅을 이어 번영하리
강물이어 산하를 적시리

이 땅이 네 백성이다
이 곳이 네 어머니다

동백꽃

동백 붉게 모여 핀 울타리 너머로
바다 일렁이고
햇살 눈부시게 물 위에 춤추고
초봄 아득한 겨울 너머로

우리들의 유년의
예쁜 동백꽃 넘실대내

우리 엄나
우리 누나 같은
내 형 같은
내 동생 같은

아슴한 전설 눈길 달리던
자운영 빛 봄길 달리던

동백꽃 같은 너
동백꽃 같은 나

우리가 나이 들어

우리가 나이 들어
한 오, 육십 아니 칠, 팔십 되어

머리 희끗하고
귀도 좀 덜 들리고
눈도 덜 초롱할 때

어느 봄날 뒷산 모퉁이
작은 공원 벤치에 앉아

먼 산 흰 구름 바라보며
새 떼들 정겨이 날고
봄꽃들 재잘거리며

저편에 목련 하나씩 지고
벚꽃 마지막 향기 빛날 때

님이여

오늘이 그날이라고
오늘이 가장 젊은 날이라고
말하자

오후 햇살 빛나고
저녁노을 붉게 탈 때

벗이여
오늘 즐거이 살자
열심히 오늘을 노래하자

저 노을 지나
갈매 빛으로 이우는
우리들 삶이리니

눈부신 젊은 날 그려 보리

아 그날은 고통과 떨림과
분노의 날들이었으리

설렘과 두근거림과
그리운 환희의 날들이었으리

오늘은
그날 꿈꾸던 젊은 날이었으리
햇살 따뜻한 봄 들판이었으리

꽃 하늘

온 산에 꽃들 피었다
누이야
산수유 진달래 산 벚꽃

누이야
온 들에 별들 피었다
민들레 목련 철쭉 제비꽃

꽃은 땅의 별
별은 하늘의 꽃

꽃이 마침내 지고 만다고
그 생이 덜 오래겠느냐

별이 마침내 사라진다고
그 삶이 덜 빛나겠느냐

다시 피고 꽃 다시 진다고

오늘 아름다움이 덜하겠느냐

아무리 멀다고
저 별의 이쁨이 덜하겠느냐

누이야
우리 웃음이 길지 않다고
덜 아름답겠느냐

작은 물길 강물에 이어 바다 이르고

내 손금에
그대 이마에
강물 되어 하늘에 이르고

누이야
그대의 꽃 웃음 바람 되어
온 산과 들에 퍼지고
마침에 하늘에 그득하리니

누이야

꽃이 핀다 또 꽃이 진다
별이 뜬다 또 달이 진다

오늘의 밥 한 끼는 우주의 포만

흩날리는 꽃잎들 하늘에 그득하고
누이의 눈물 밤하늘에 빛난다

너희 가는 길 축복 넘치리

봄의 동산에 꽃 만발하고
이제 장미 이팝꽃 아카시아 피고
신록은 사위에 병풍처럼 울타리 되어

여기 하나님 예비하신 한 사랑의 커플 있으니

믿음으로 쌓아 올린 신뢰의 탑과
평생 함께 갈 반려로 한 생명으로 축복하시니

살 중의 살 뼈 중의 뼈
서로의 돕는 배필
믿음의 가정 이뤄

추울 때 서로 온기 되고 더울 때 시원한 바람 되어
외로울 때 마음으로, 팔 다리로 도와주고

크신 축복과 은혜로
깊게 내밀히 자라나리

넓게 펼쳐 나가리
힘차게 솟아 오르리

믿음으로 튼실히 뿌리내리고
소망으로 아름답게 꽃피고
사랑으로 풍성히 열매 맺으리

은혜로 주신 자녀들 모두의 기쁨 되고
하늘과 이웃 사랑 주고받아
빛 되고 소금 되리
찬양하리 영광 돌리리

봄 산

추운 겨울 이기고
파릇한 걸음으로 걸어 오는 풀잎

흔들리는 노오란
잎새로 피어난 꽃잎들

백목련 순결함으로
웃음 짓는 그대와

여기 왕자의 화사함으로 핀
자목련의 그대

온 통 왁짜한 합창
흐드러진 춤판으로

부활하는 어린이들
하늘 날아오르는 종달이

춤추는 나비, 나비들
다시 펼쳐지는 천국 잔치들

카스피해

역사에서 배운
지도에서나 본
카스피해 위를 나른다

짙 푸른 남색
고요한 물결
호수 같은 평온

바람의 도시
바쿠의 어머니

중앙아시아 대륙 달려
서쪽으로 서쪽으로
여기 카스피해에 안식하고

훈족 투르크족 코작크족
코카사스 산맥 달려
여기 조용히 쉬는 곳

그대 카스피해여

암각화의 그대와 우리

카스피해와 흑해 사이
산과 들판을 달리던

바닷가 어느 산등성이
바위들 숲을 이루고

뾰쪽한 바위들 힘을 자랑하고
포근한 모성으로 작은 둥근 바위들
둘러 쌓인 동굴에

그대들의 사랑
험한 그대들의 생활
모여 그린 이상향

소떼들 염소들 수양들
망아지 저만치 뛰노는

선사先史의 어느 들판에

말 달리던 말 달리던
그대들의 꿈

저 우랄 넘고 저 천산天山 넘어
바이칼 돌아 홍안령도 넘고
백두와 압록 두만강 건너

길고 오랜
유라시아의 숨결

바람의 질주
자유와 욕망의 달음질

사막을 넘어
사막을 넘어
산을 넘어 산을 넘어
강을 건너 강을 건너

모래바람 타고 삭풍에 실려
꽃바람에 홀려
자식들의 꿈을 꾸며 이른 땅
그대 한반도여

유라시아의 별
동방의 불빛
아름다운 아침의 땅이여

다시 만주, 연해주 건너
두만 우수리 에니세이 레나강 넘어
바이칼 건너
천산 우랄 넘어

다시 만나리
환하게 꽃 피우리

야생화, 카프카즈 산맥

작은 수많은 야생화
함께 모여
지천으로 피었나니

어찌 그리 작은 맨 얼굴로
바람에 흔들리는가
몸살 나듯 나부끼는가

온 산을 덮는
큰 메아리로
꽃피우고 있는가

어느 이별을
먼 시공의 하늘을
손짓하고 있는가

어느 그리움들을
혼곤한 꿈의 합창으로 노래하고 있는가

여기 왁짜한 춤들로 반짝이고 있는가

나는 어떻게 물들고 있을까

꽃피는 봄산 소쩍새 울면
나는 어떻게
노래하고 있을까

비바람 맞고 달빛에 그을려
나는 어떻게
물들고 있을까

이른 서리에 붉어지는 단풍에
나는 어떻게
여물고 있을까

찬바람 진눈깨비에 젖어
나는 어떻게
비워지고 있을까

제3부
그리움 크면 산 되지

너른 푸른 들판

너른 푸른 들판을 가로 지르는
나무들의 행렬

시간의 바람을 타고
흐르는 인생

발왕산의 가을

단풍들 오색으로
겸허히 벗어
하나씩 알몸으로
하늘을 이고

잎새들 모두 떨구고
더러는 숲속에 벗들과 어울리고
새와 바람과 구름과

푸른 하늘 풍덩
헤엄치는 산들

등성이는 곧추 말갈기로 세우고
산골은 깊게 계곡으로 흐르고

천년을 죽어
여기

천년을 산 주목들의 노래

오죽헌의 오후

수 백년 숨결 품은
송림 뒤에 두고
기와 이고 솟은 한옥에

이 땅의 미와 지덕을
드높이신
어머니와 아들

오롯한 정기
오죽으로 이어오고
여기 60년 만에 핀
수묵 빛 오죽 꽃으로 다시 피어

바람과 뜰에
백일홍도 꽃 대신 잎으로 빛나는

시간의 변용을
사임당 붓 그으시며

지긋한 미소로
문성공 웃으신다

염하강*

밀물과 썰물 되어
강물 되어 바다 되어

누런 들녘
수확 지난 들판에
천둥오리 떼 지어 날고

아침 햇살
저녁 어스름
시간에 켜켜이 쌓여
습지되고 갯벌 되고

거센 물살에
빗살치는 화살
몽고군 쓰러지고
불 뿜는 함포
콩 볶는 조총

작은 나룻배에
하루 품삯 싣고 오는 어부들
등에 살림매고
들녘 넘어오는 아낙들

이마에 땀 흘리며
눈에 피맺히며
일궈 온 우리 삶

우리 새끼들의 어린 젊은 삶
거대한 함성으로 작은 저항으로
일어서고 지킨

고려 조선 일제 지나
다시 흐를 이 강물
다시 내달릴 저 바다

우리 핏줄
우리 노다지

* 강화도와 김포반도 사이 강 바다.

뒷 모습

비탈길에
고단한 삶을 밀고 가는

할머니의
박스 가득 실은 리어카

내 아들 밥
내 손녀의 학자금 위해

오늘도
늦여름 햇빛 등지고
거친 숨 천천히 몰아쉬며

언덕길 오르는
우리 할머니
우리 어머니

내 아내 뒷모습

진도 팽목항

진도 아리랑 곡조에 한 고개 넘어간다
육자배기 가락인가 도라지 타령인가

우리는 어부 인생
물 때 따라 오간다

나 한잔 술에 살짝 취해
임 드리며 노래하고
벗 그리워 일하면서
해는 서녘으로 가고
달은 임처럼 동산에 오르는데

어히타 근원 모를 슬픔
이 가슴에 차는고

진돗개의 충절로
열녀烈女 같은 정조로
살아 온 우리 젊음

저 물위 안개로 피어 오르네

물고기 떼
군무로 다시 거슬러 오르네

문인화의 거장들
노래와 풍류의 선인들
여기 산하
노을에 물들었노니

어히타 욕심내어 마가 끼어
어린 영혼들 맹골포에 잠재우느냐

어서 일어나라
어서 깨어나 날아라

너 젊은 새들아
너 젊은 기러기야
조나단 갈매기야

이 땅의 혼을 깨어라
탐욕과 아집과

패거리를 뛰어 넘으라

팽목하라
진도여
세월하라
진도야

드브로브니크

드브로니브크 시르즈 산 위에서
우리는 한잔의
시를 마신다

라벤다향과
작은 벌들의 잉잉거림이 스사로운
초여름 바다
아드리아여

영겁을 서걱이며
역사와 함께 노래하던
젊은이들의 전진이여

극동에서 온 우리들
저 시원의 어느 들판에
서로 만나 나눈
꿈의 이야기는 어디 갔나

시베리아 타클라마칸
우랄 알타이 천산산맥
파미르 고원 너머

그대와 우리가 만나던 날은
언제인가

여기 아드리아해 지중해 넘어
대서양 인도양 태평양까지

저편 시간의 그대여
저편 우주 끝의 그대여

우리는 하나다
평화다
우리는 사랑이다

아드리아여

미우라 아야코(三浦凌子)

질병과 어둠의 터널에서
빛으로 나온

복음으로 옷 입은
흰 자작나무

그녀가 쌓은
깊고 큰 자작나무 숲

마에카와 다다시
미우라

참 그리스도 사랑
참 인간의 사랑

얼마나 한 영혼을
높고 아름답게 고양시킬 수 있는가
한 사람의 사랑은

얼마나 깊은 예술로
승화할 수 있는가

노오란 잎으로
가을을 빛내고
흰 나목으로
깊은 겨울을 나는

자작나무 숲이여
빛나는 홋카이도
새벽 별이여

그날이 올 테니

멀리 보이는 북의 산
물 벙벙한 철원 평야들

숨어 생명을 위협하는 지뢰밭
새 봄 연분홍으로 핀 새 생명

지뢰밭 꽃길
금낭화 꽃길
애기똥풀의 애잔한 웃음

물과 흙과
산의 대지
민족의 젖가슴에 생기 돌고

물의 용서를 받아
흙과 화해하는 우리 모두
화해하고 용서하는

낮은 곳으로 흘러 흘러 모두를
용서하는 물처럼

모든 아픔 품고 삭히며
기다려 마침내 화해하고
하나되는 흙처럼

우리 기도 더 깊으면
우리 용서 더 넓으면

그날이 올 테니
한강물 다시 솟고
동해물 춤추며

한반도 만주 연해주
평화 통일
그날이 오고야 말 테니

눈밭에 선 소나무

산등성이 흰 눈으로 덮혀
태고의 정적 그득한데
수많은 소나무들
함께 서 있네

자유 향한 분노로
잿빛 하늘 향해 팔 벌리며
낮은 소리로 노래하는
진군 나팔

엄혹한 추위에 맞서 전진하네

백년을 서서
천년을 기려
마침내

천애의 절벽에 선
흰 눈속의 한 마리 학

그대 노송이여

5월 보리밭

마른 겨울 얼어붙은 동토에
작은 씨로 생명으로
숨어 밟혀 죽은 듯이 갇히다

파랗게 파랗게
웅혼한 힘으로
하나씩 우주를 열어

여기 파란 들판으로 출렁이며
생의 합창으로 넘실대는 바다로

내 묵은 원한의 긴 겨울
내 기다림의 오랜 결빙

이제 여기 출렁이며 서걱이며
배고픈 가난한 이들 배부르게
얼어붙은 가슴 열어 하늘가로 날고

마침내 가난한 생명들 섬기리니
우주의 생명으로 소리하리니

바람에 춤추는 파란 황홀
푸름 속에 곧추선 보리가시
알곡 알곡들

대지와 춤추며
산과 강과 거기 배고픈 중생과
춤추리니 노래하리니

동학백성들의 흘린 피
일제 36년 눈물과 한
625 어느 여름의 달음질
80년 5월 숨겨 논 분노

파란 들판으로 흔들리리
넘실대는 바람으로 춤추리
서걱이는 바다로 노래하리

파랗게 파랗게 익어가는
초여름 들판으로
흔들리리

그리움 크면 산 되지

그리움 크면 산 되지
그리움 깊으면 바다 되지

기다림 오래면 저 큰 바위 되지
그 위에 내리는 작은 이슬, 소낙비 내리니

외로움 커지면 강물 되지
산정에 내린 작은 눈물
시내 되어 바다 이르지

오호
바램 오래면 저 별 되지
별 바다 되지 은하수 되지

내 슬픔 길게 이어져 쏟아져
내리는 폭포 되지

깊은 심연에 닿아

솟아올라 호수에서 다시 비로 내리지

내 기쁨 넓어지면 노을 되지
온 하늘 꽃으로 물들이지

내 사랑 순전한 바람 되지
그대 고운 눈에 어리어
예쁜 뺨에 머물다 머릿결 스쳐 떠나지

창공에 그대 노래 부르지
붉은 노을로 노래하지

6월의 바다

햇살 조용히 수면에 내리고
심해어 여유로이 헤엄치며

산호초 세월을 잠자는
6월의 바다

아련히 수평선에
하늘과 바다가
다시 만나 억겁의 시간을 나누고

낡은 책장 서랍 속 같은
우리들의 사연들을
무지개 물보라로 피워 올린다

따스한 밤바람
그대 머릿결에 스미고

붉은 장미의 향기 속에

유년이 자라나고

농밀한 향기로 밤꽃 같은
젊음이 익어간다

반달

몇 일 후면 풍성한 추석도 되고
액기 몰아내는 보름도 되고

튼실하게 살진
반달에 30대 여인의
살내음이 난다

울 엄마 젊은 날
예쁜 얼굴
힘찬 발걸음

내 부풀어 가는 꿈
머지않아 보름달 될 날

풍성히 결실할 날
기다리는
희망의 반달

귀가

날줄과 씨줄로
꼬리에 꼬리를 물고

가는 나와 오는 너가
서로 바라보며

시간의 강물을 헤엄치는
이 도회의 찻길 위에

너는 파란 불
노란 불
때로는 붉은 불

퇴근길 비치는
가족의 얼굴

우리 막내 공부하러가는 길
아침 저녁으로 오가는

우리들의 시간의 일생

제4부
철조망으로 빚은 평화 십자가

눈 속의 전설

하얗게 덮힌 추억속의 들판을
우리는 달리고

가끔 씩 흩뿌리는 눈보라 속에
늑대나 승냥이가 튀어 나올 듯이

겨울은 익어 떨어지기 직전이다

어느 먼 시간의 저편에서
너는 와서

화성의 존귀한 빛으로 다가와서
여기 백설의 제전에
하얗게 피어 빛나는가

내가 그대의 아름다운 시간과
여기 정지한 공간을 사랑함이

존재의 웅엄함이리니
눈밭 속에 빛나며 춤추는
그대여

안개 낀 흰 벌판을
춤추며 달리는 그대여

내 삶 이후의 영원한 시간에도
오롯이 되돌아 온 영겁회귀

백설 애애한 들판을 달리는
백마의 고동소리
시공의 저편으로 달려간다

생사가 무엇이고
저승 이승이 어디인가

내 생은 여기 눈밭에 있나니
마른 가지 수북이 쌓인 존재
잠시 숨쉬는 별빛

산아

잿빛 안개를 자락에 깔고
세모로 서 있는 산

흰 새털구름을 머리에 이고
옆으로 누운 산아

나무와 숲을 품고
긴 세월
그 자리에 서
하늘을 우러르는

한 탑
한 바램
한 기다림
오랜 염원

무엇을 기다림인가
무슨 꿈을 바램인가

묵중한 자태로
영겁을 호흡하며
바람과 구름과 발아래 강물과
세월을 노래하는
산

때로는 진달레 꽃으로
때로는 짓푸른 녹음으로
오색의 단풍으로

온 몸으로 노래하는 산아

네 사연을 무엇이냐
그리움은 무엇이냐
네 울음은 웬 것이냐
바다로 가고자 함이냐
하늘로 날고자 함이냐

언제나 거기
그대로 서 있는 산아

철조망으로 빚은 평화 십자가

분노를 미소로
미움을 사랑으로
좌절과 절망을 자각과 희망으로

칼을 쳐서 보습으로
총과 폭탄을 축제와 폭죽으로

분단 68년 그 긴 절망의 시간
분단 136년 두 형제의 아픔 두 배
그 두 배의 두 배 또 두 배

여기 미움의 상징 철조망을
분노와 절망의 그림자 철조망을
DMZ 갈라놓은 갈등과 저주의 응어리를 녹여

우리 아집과 파당과 이기심
우리 교만과 독선과 증오의 검은 탑을

용광로에 녹여 두드리고 펴서
평화의 십자가를 만든다

오랜 DMZ 철조망
우리 뜨거운 심장에서 정결한 눈물로 다시 빚은

이산離散과 눈물의 강
기다림 산 되어, 그리움 강물되어
높아진 분단의 절벽 넘어

우리의 소망 평화와 통일
세계에 알리고 공감하는
이 땅의 평화

피는 눈물보다 진하다 말하지 말라
증오가 정의보다 강하다 말하지 말라

이제 화해하리, 다시 만나리
서로 목을 엇갈려 그려 안고
목놓아 울리

이제 노래하리, 온 몸으로 춤추리
우리의 하나된 평화의 봄을

함께 나는 기러기

바람과 하나 되어
저녁 햇살 등에 지고
만공滿空을 나는 기러기

우리들 함께하면
바람과 달빛과 어울리며
구만리 먼 길도 멀지 않아

서로 달라도 한 대오隊伍 이루어
추운 동천冬天을 가르며
유유히 구름타고 시공時空을 나르네

홀로 나는 독수리 도반道伴 되어
아래의 연작燕雀도 우리 친구
저 들판 낱알들은 우리의 축복

자유로이 함께하는 우리들의 날개 짓
허허로운 우주에 계절을 숨쉬며

새벽이슬 맞으며 오늘을 나른다

천자암 쌍향수

기림이 크면 별이 되고
바램이 깊으면 생물로 자라나니

조계산 송광사
어느 산자락에
오랜 기다림

그대들의 긴 우정
두 그루 나무 되어

서로 바라보는 바람되어
서로 아우르는 하늘되어

칠팔백 천년을 바라보며 함께하는

칠팔백 년은 족히 살아왔건만
천연기념물 88호
송광사 천자암의 쌍향수

온몸을 꽈배기처럼 88 꼬면서도
절제와 수도修道로
알몸 살갗 하나 닿지 않았네

새해 기도

좀 더 많이 달라고 하지 않게 하소서
좀 더 오래 머물게 기도하지 않게 하소서

섭리대로 하소서
주신대로 하소서

그러나
우리가 더 헌신하게 하소서
우리가 더 기도하게 하소서
우리가 더 사랑하게 하소서

더 나누고 더 연대하게 하소서

나만 할 수 있다 하지 않게 하소서
너도 할 수 있다 하게 하소서
함께 더 잘 할 수 있다 하게 하소서

주신 시간을 감사하게 하소서

주신 생명을 감사하게 하소서
오늘의 양식에 감사하게 하소서

우리가 더 많이 나누게 하소서
나보다 가난한 이를 먼저 나누게 하소서
나보다 약한 이를 먼저 돌보게 하소서

새 술은 새 부대에

낡고 헤진 우리의 생활
편해져 구습이 된 습관

이제 버리고
새 다짐으로 새 부대에

새 술은 새 부대에
아집과 교만으로 굳어진
우리의 낡은 부대 버리고

술은 우리의 꿈과 생각, 믿음과 행동
부대는 형식과 제도
우리를 둘러친 울타리

새 각오 새 믿음으로
새 부대로 새롭게 하소서
날로 새로워지게 하소서

어려움도 깨치고 나가게 하소서
당연한 것으로 굳어진 마음 밭을
기경起耕하게 하소서

게으르고 낡은 습관
중독되고 찌든 가슴에
새 비, 새 땅, 새로워진 믿음
새 부대에 담게 하소서

겨울 강변에서

우리는 지금 저 겨울로 나갈 일이다.
저 동토의 들판에 찬바람과 맞서
긴 호흡을 하며 저 바이칼 건너, 홍안령
넘어 온 순수와 맞다을 일이다.

아무르강, 흑룡강 건너 백두산 두만강 압록강 건너
개마고원 넘어온 저 차디찬 순수를 호흡할 일이다.
우리 영혼을 차디찬 각성과 날선 칼날로 곧추 세울 일이다.

이 얼어붙은 겨울은 만상이 땅속에서 자라 크고 뿌리 내리고 살지는,
꽃피우고 잎새 내고 가지 뻗어
마침내 열매 맺는 원초의 본능이리니
그 깊은 심연은 높은 비상의 뿌리이리니.
만상을 덮는 숲의 깊은 심연이리니

인동의 오늘은 우리의 기쁨,
함묵含默의 시간은 검은 자유의 바다,
무와 허적의 공간은 존재의 어머니이리니

우리 다시 겨울 강물의 깊 푸른 흐름을 바라보자
아니 그 차디찬 고독에 뛰어들어 힘차게 헤엄치는
가물치 잉어 같이 거슬러 오르자.

쉬지 않고 달리는 참치 같이
북극 심해 헤엄치는 혹등고래 같이 바다로 달리자
차서 더 명징한 바다와 동천冬天을 날아오르자.

추운 얼음의 오늘은 순풍과 새싹의 시작이리니
시베리아 건너 온 삭풍은
곧 꽃 만개한 들판, 풀종다리 작은 노래이리니
모천을 오가는 연어 떼
대양을 거슬러 헤엄쳐 온 고래 떼들의 군무이리니

금계국 필 때

너의 환한 얼굴이
나는 좋아

너의 노오란 웃음이
나는 좋아

함께 모여
흐드러진 너희들 조용한 노래가
나는 좋아

햇살 이고
바람 어루만지며
내 설움도 연한 향기로 날려 보내는 네가
나는 좋아

아무에게도 길들여지지 않는
바람처럼 자유로운 너의 영혼

나비의 춤
상쾌한 기분의 새소리가
너의 꽃말이
나는 좋아

옷자락이라도

이 슬픔이
이 아픔이
치유된다면

그의 성스로운 사랑으로
그의 깊은 자비로

나의 아픔이 슬픔이
나의 더러움이
깨끗해진다면

지난 나의 교만과 오욕으로 생긴
상채기 흔적들 고쳐진다면

옷자락이라도
옷자락의 끝이라도
옷의 그림자라도 만질 수 있다면

발자국이라도
옷자락 스친 바람이라도
그림자라도

자유케 하시리니
날 자유게 하리니

내 아픔
내 원한 치유하리니
내 슬픔 자유케 하리니

마침내 사랑하리니

땅에 떨어진 부스러기라도

땅에 떨어진 부스러기라도
상에서 떨어진 작은 부스러기라도

내 혼이 닿아 있으면
험한 질병 고칠 수 있다면

땅에 떨어진 부스러기라도

자녀의 떡을 취하여 개들에게
던지시지 않으시더라도

주여 저를 도우소서
개들도 주인의 상에서 떨어지는
부스러기를 먹나이다

치유하시려 더 큰 상급 내리시려
시험하셔도 밑바닥에 내치셔도

땅에 떨어진 빵 부스러기라도
상에서 떨어진 작은 관심부스러기라도

내게 족하오니
내 병 깨끗케 하시리니

날 자유케 하시리니
작은 내 믿음 작다 아니 하시리니

눈오는 날

창문 너른 창가에 앉아
비스듬히 내리는
그대를 바라본다

해는 이울고
어둠내리고
두 마리 새 하늘을 날고
노을 빛 진해가는
저녁 모퉁이로
유년이 날고 있다

어지럽고 시끄런 뉴스에
미디어 열 내고
서로 핏대 세우는 시대

소리 없이
바람결에
눈발 내린다

안단테
안단테

산수유

아슴한 안개처럼
머언 곳에서 조금씩 가까이

여릿여릿 다가오는
작은 얼굴로 함께 모여

큰 해의 벌판을 열어젖힌
환한 작은 합창들

조용히 재잘거리며
봄 내(川)를 달려간다

얼마나 추운 동토의
절연의 절벽이었으리
얼마나 긴 어둠의 동굴이었으리

맨 먼저 달려 나와
얼은 가슴에 온기를

두려운 심장에 열기를

닫힌 겨울에 열린 봄을
노오란 미소로 쏟아내는 것이냐

화해를 위하여

우리 속의 죄와 욕심으로
태초부터 분노가 그득하니
시기, 질투 잠재하니

언약을 버린 아담처럼
아우를 죽인 가인처럼 형을 속인 야곱처럼

저주와 이기심으로
아니 생존과 유지로
더 나은 가족, 사회, 나라란 미명 아래

분노와 저주를 키우고
울타리와 파당으로
아집을 감춰서라도 기어이 다투고
싸우고야 마는
교만과 나태의 종이 되고야 마는

차이를 차별해 분내고 갈등하는

마침내 싸우고 죽이는

아말렉, 미디안, 블레셋
애굽, 앗수르, 바벨론, 희랍, 헬라

일제 36년, 그리고 동족 상잔 6 25
4 19와 5 18
70여년의 갈등과 긴장

가서 형제와 화목하고
그 후에 예물을 드리라

원수된 것, 중간 담을
자기 육체로 허시고 율법을 폐하고
둘로 자기 안에 한 새 사람을 지어
화평케하시니

이 둘을 한 몸으로 십자가로
신과 화목케 하시니

형제와 화해케 하시니
풀꽃과 들 여우와 평화케 하시니
남과 북을 만나게 하시니

40년하고도 2년

그 때 네가
아스팔트 바닥에 쓰러졌을 때

네 젊은 가슴
네 끓는 피
반짝이는 눈망울 별빛으로 빛날 때

너의 자유
너의 분노
너의 사랑도

피 흘리며
땅 바닥에 끌려가고 있을 때

오늘 여기 40년 하고도 2년 오월
비 내리는 눈물로
긴 세월에도 잠 들지 못하는
저 강물 흐를 때

그 분노 그 자유 그 열정
크고 자라고 성장해
이제 40년 하고도 2년

오늘 봄꽃
들판 온 산 덮고
꽃 잎으로 물들이고
산새들 노래
온 산 골짜기에 메아리 치고

아직 먼 길 가야할 이 땅의 젊은이들
오늘 다시 오월

다시 꽃 피리
다시 솟아 오르리
다시 노래하리

가슴에 뇌리에
못 박힌 십자가 십자가
다시 하나 된 이 땅에
다시 핀 부활의 언덕에

산이다

산이다
산은 높다. 산은 움직이지 않는다.
산은 다양한 모습을 하고 있다.

산에는 물과 풀과 꽃과 나무와 숲과
돌과 바위와 벌레와 새와 짐승과 사람이 있다.

그리고 산에는 길이 있고, 이야기가 있고, 신화와 전설이 있다.
사람의 애환과 기다림이 있다.
도전과 성취와 때로는 좌절도 있다.

산을 사람에 비유하기도 하고, 사람이 산을 닮고자 하기도 한다
그래서 아호에 산을 넣기를 좋아 한다.

고산,아산,죽산,청산,설산,요산,매산,거산 등 많은 사람들이

산을 닮고자 했다. 친구로 하기도 했다.

산 전체보다는 산의 일부를 더 좋아하여,
어떤 이는 봉우리를 좋아하고 어떤 이는 골짜기를 더 좋아하여,
효봉,구봉,지봉이나 청곡,성곡,심곡 등
많은 이들이 각자의 취향대로 산을 좋아한다.

산은 웅혼한 기상과 호연지기를 나타내며,
변하지 않는 심정과 우정과 사랑을 닮기도 한다.
산은 모양에 따라 치솟는 기상과 예민함과 기발함을 자랑하기도 하고,
평범하여 무던하고 질펀하여 밋밋하나 유장함을 자랑하기도 한다.

높지는 않으나 고아한 기품과 당당함으로 주위를 아우르는 산이 있고,
기암괴석과 오묘한 조화로 찬탄을 연발하게 하는 산이 있다.

높아서 아무나 범접할 수 없는 높은 산이 있고,
남녀노소가 쉽게 오르고 벗할 수 있는 편한 산도 있다.

산을 좋아하지만 많은 산을 가보거나 오르지는 못했다.

어려서 놀던 뒷산은 언제나 우리의 마음의 고향이며 어머니고 아버지이다.

우리의 지친 영혼이 돌아갈 쉼터이기도 하다.

장성하여 다닌 기억에 남는 산들은 제각기 독특한 의미와 모습으로

우리의 내면의 자양이 되고 힘이 된다.

우리의 정신과 기상의 원형이며 백설과 천지와 신화로 그득한 백두산,

기기묘묘한 바위와 골짜기와 장엄한 봉우리들의 금강산,

깊음과 높음의 조화로 철학적 사유로 우리를 이끄는 설악,

유장하며 넉넉하여 태고를 잠재우는 지리산,

높지 않는 자태로도 충분히 위엄과 고풍함을 간직한 월출산,

지란과 풀과 꽃을 키우며 구름과 바위로 단장한 운악

산,
   더불어 다툼을 허락치 않는 평야에 우뚝 솟은 자존 무등산,

   기암과 많은 이야기로 우리 곁에 다가와 서는 계룡산,
   봉우리와 바위와 나무로 굳건히 버티고 선 팔공산,
   깊은 정적 속에 은은히 퍼지는 목탁 소리의 가야산,
   오묘한 구름과 안개와 비로 조화를 이룬 천의무봉의 한라산

   우리의 가까운 이웃으로 삶과 사랑의 터전인
   북한산,도봉산,관악산,수락산
   그리고 남산과 안산

   중국의 공자와 역대 황제들의 위엄의 상징으로 바다를 향해 우뚝 선 태산,
   기묘한 단애의 바위와 나무들 고아한 장엄 운해의 황산
   웅장한 바위들의 긴 시간의 풍화와 퇴적의 항산
   삼천고지위에 핀 흰 눈의 옥룡과 설산
   단아한 바위와 우거진 나무로 숨어 있는 오장산,

   만년설을 이고 흰 빛을 천리까지 비추는 베이커산,

깊은 골과 품으로 여행자를 맞이하는 만년설의 레이니어산
높되 높음 자랑 않고 지란을 피워 호수에 되비춰는 록키.

흰 등을 드러내고 길게 누워 꿈틀거리는 역사, 희말라야 산 산 산.....

오호 그대 산이여

산이 있기에 나는 산으로 간다는 산인처럼,
우리는 하나의 사람이기에 여기 한 사람으로 존재하며 살며 사랑하나니

넘치거나 부족함이 없이
빠르거나 느림이 없이
꿋꿋하게 쉼 없이
유장하고 당당하고 의연하게

그리고 높고 고아하고 기품 있게
두루 품고 싸안으며
편히 덮고 싸매주며
묵중하고 거침없이

당당하게 변함없이

산아
나 여기 있노라!
산처럼

| 작품해설 |

신뢰의 신앙과 역사적 성찰 사이의 거리
이지엽 | 경기대학교 명예교수, 시에그린 한국시화박물관 관장

| 발문 |

구도적 구원성이 신앙의 언어로 구현
문창길 | 시인

| 발문 |

비상하는 주체의 소리 없는 사유와 물듦의 언어
염선옥 | 시인, 문학평론가

| 작품해설 |

신뢰의 신앙과
역사적 성찰 사이의 거리

이지엽 | 경기대학교 명예교수, 시에그린 한국시화박물관 관장

 김홍섭 시인의 작품을 몇 번 읽으면서 많은 생각을 하였다. 시인의 작품을 읽으면서 내내 나를 사로잡은 쉽고도 간명하게 다가오는 신앙시, 힘들이지 않고도 와서 감기는 깊이 있는 울림이 시의 본질은 어려움과 무거움과는 거리가 있다는 생각을 하게 했다. 김홍섭 시인의 시적 특성은 몇 가지로 축약해볼 수 있는데 우선 소재적 측면에서 본다면 외국 기행과 관련된 단상과 성경의 내용을 소재로 한 것과 생활 주변의 서사 등으로 살필 수 있다. 주제적 측면으로 본다면 소소한 것들에 대한 사랑과 관심, 신앙에서 오는 신뢰와 믿음, 역사와 삶에 대한 성찰과 반성 등으로 축약해볼 수 있다. 소재적 측면으로

보면 그 특성이 잘 드러나지 않으므로 여기에서는 주제적 측면으로 접근하여 시인의 작품 의도를 살피는 것이 독자들이 시인의 작품을 이해하는 데 더 도움이 될 것이다.

1. 소소한 것들에 대한 사랑과 관심

시인이 시적대상으로 즐겨보는 것은 한미하기 그지없는 밋밋하고 고적한 풍경이나 인물이다. 말하자면 활기차고 동적인 것보다는 남들이 주목하지 않은 고단하고 남루한 것들에 대한 진지한 경의를 보여주고 있다. 이는 시인의 시작 태도에 관한 것으로 중요한 의미를 지닌다.

> 네팔 카드만두 산허리에서
> 덜컹거리는 산길에
>
> 자동차 먼지
> 안개같이 달리는데
>
> 한 시골 농가에
> 먼 곳을 바라보며
>
> 누굴 기다리나
>
> 허옇게 머리 이고 있는

네팔의 늙은 노인의
푸른 눈

- 「네팔 어느 노인」 전문

　세계를 기행하면서도 시인의 시선은 명소이거나 눈에 드는 풍경이 아니라 힘 없고 남루한 것들에 대해 오래도록 머문다. 덜컹거리는 산길이니 비포장도로겠다. 먼지가 부옇게 일고 있으니 그 자체로도 부담스러운데 한적한 시골 농가에서 늙은 노인을 본다. 먼 곳을 응시하는 허연 머리카락의 늙은 노인. 시인의 마지막 시선은 그 노인의 "푸른 눈"에 정지한다. 그 "푸른 눈"을 통해서 노인은 세상을 바라보고 있는 것이다. 그 눈에 담겨진 나는 어떤 사람일까. 그 눈에 담겨진 나. 내 눈에 담겨진 그 노인. 둘은 일순간에 일치되며 나는 여행자가 아니라 오래전부터 누군가를 기다려온 사람 같다는 생각을 한다. 짧은 이 시 안에는 시적대상과 시적자아의 몸 바뀜이 있다. 그의 시가 단순한 내용을 담고 있으면서도 깊이 있는 울림으로 다가오는 이유이다.

꽃 바치고
불 바치고

아침 저녁 기도

생사의 길에
삶과 죽음의 공존

냄새와 허공에 울리는 종소리
새벽 안개
저녁 노을

가난
미망인가
믿음인가

생과 사가 만나는
강물과 시간의 흐름

갠지스의 안개

- 「갠지스강」 전문

갠지스강이 삶은 물론 죽음 이후의 세계로 연결되는 관문이자 성지로 여겨진다. 이런 문화의 배경은 힌두교 전통에서 찾아볼 수 있다. 인도 인구 13억8천만 명 중 80%는 힌두교도다. 힌두교도들은 지난 수천 년 동안 강에서 신앙의 뿌리를 찾아온 것으로 알려져 있다. 특히 갠지스강은 여러 강 중에서도 가장 신성한 곳으로 숭배되고 있는데 이광수 부산외대 인도학과 교수는 "갠지스 숭배의 출발은 인도인이 인도라는 거대한 땅덩어리를 하나의 여신으로 간주하기 시작하면서 출발한다"며 "갠지스는 삶의 시작이요 끝"이라고 얘기한 바 있다. 이렇게 보면 갠지스강에서 축제처럼 벌어지는 의례는 단순한 오염과 죄를 씻어내는 차원을 넘어, 궁극적으로는 해탈하는 경지로 연결된다고 볼 수 있을 것이다. 시인은 매우 축약적인 시구에 담아낸다. "생사의 길에/ 삶과 죽음의 공존"이 있으니 어머니의 젖줄이 바로 갠지스강이라고 말할 수 있으며 "생과 사가 만나는/ 강물과 시간의 흐름"을 통해 사람들은 모든 죄와 오염, 불길한 징조, 질병 등을 정화한다고 볼 수 있는 것이다. 시인은 이 느릿한 갠지즈강에서 "냄새와 허공에 울리는 종소리/ 새벽 안개/ 저녁 노을" 속에서 치유의 무한한 힘을 느끼고 있는 것이다.

>단풍들 오색으로
>겸허히 벗어
>하나씩 알몸으로
>하늘을 이고
>
>잎새들 모두 떨구고
>더러는 숲속에 벗들과 어울리고
>새와 바람과 구름과
>
>푸른 하늘 풍덩
>헤엄치는 산들
>
>등성이는 곧추 말갈기로 세우고

산골은 깊게 계곡으로 흐르고

천년을 죽어
여기

천년을 산 주목들의 노래

- 「발왕산의 가을」 전문

발왕산은 강원도 평창군 진부면과 도암면에 걸쳐 있는 산이다. 옛날 도승이 이 산에 팔왕八王의 묘자리가 있다 하여 팔왕산으로 불리우다가 일제강점기 이후에는 발왕산發旺山, 2002년에 다시 발왕산發王山으로 변경되었다. 이 산과 동쪽의 옥녀봉과의 사이에는 황병산에서 발원한 송천松川이 심한 곡류를 하며 남쪽으로 흐르고, 서쪽 사면에는 오대산에서 발원한 오대천이 남쪽으로 흐르고 있다. 발왕산에는 1997년 11월 산림유전자원보호림으로 지정·고시된 발왕산 주목군락지가 있는데, 이 주목군락지는 평균 임령 70년, 수고 6~16m, 경급 22~26㎝의 최고령 주목 260본을 비롯해 전나무와 기타 활엽수가 생육하는 천연림이다. 시인은 이 주목에 집중한다. 주목이 어떠한 나무인가. 주목은 오히려 자연이 스스로를 벗어 알몸으로 드러날 때 더 선명하게 드러나는 법. "천년을 죽어/ 여기 /천년을 산 주목들의 노래"로 죽은 것으로 끝나는 것이 아니라 곧 삶으로 발현되고 있는 실체를 얘기한다. 천년이란 세월도 중요하지만 죽음을 삶으로 치환하는 생명성에 시인의 의도는 분명하게 자리잡고 있다.

    비탈길에
    고단한 삶을 밀고 가는

    할머니의
    박스 가득 실은 리어카

    내 아들 밥
    내 손녀의 학자금 위해

    오늘도
    늦여름 햇빛 등지고
    거친 숨 천천히 몰아쉬며

    언덕길 오르는
    우리 할머니
    우리 어머니

    내 아내 뒷모습

-「뒷 모습」전문

폐휴지를 주워서 식솔의 생활에 보탬을 주는 할머니

의 모습을 담아낸다. "늦여름 햇빛 등지고 / 거친 숨 천천히 몰아쉬며/ 언덕길 오르는" 할머니의 모습에서 "어머니"를 발견하고 "아내"를 발견한다. 시인은 말하자면 한국의 여성들이 안고 살아가는 삶의 고단한 모습을 "뒷모습"을 통해 나타낸다. 시인의 시선은 이 비탈길 같은 "고단한 삶"을 통해 음지에서 고생하는 어머니의 자화상을 보여주고 있는 것이다. 흑해에서 카스피 해까지 동서로 연결되어 있는 카프카즈 산맥을 얘기한 「야생화, 카프카즈 산맥」에서도 대자연의 산맥에 경탄하는 것이 아니라 시인은 외려 "작은 수많은 야생화"에 주목한다. "그리 작은 맨 얼굴로/ 바람에 흔들리"면서 "몸살 나듯 나부끼"면서도 이것은 오히려 "온 산을 덮는/큰 메아리"로 빛나고 있음을 얘기한다. 시인은 작은 것을 통해 큰 것을 형상화하는데 초점을 두고 있는 것이다.

2. 신앙에서 오는 신뢰와 믿음

시인의 작품에는 상당수의 작품에서 신앙에서 오는 신뢰와 믿음을 담고 있다. 신앙시는 잘못하면 의도적인 부분이 드러나 독자로 하여금 적지않은 거부감을 유발하기 마련이다. 종교인에 의해 써지는 작품일수록 이러한 경향은 심하여 오히려 반감을 주기도 한다. 그런데 김홍섭 시인이 창작하는 신앙시는 쉽게 다가오면서도 친근감을 불러 일으킨다.

    땅에 떨어진 부스러기라도
    상에서 떨어진 작은 부스러기라도

    내 혼이 닿아 있으면
    험한 질병 고칠 수 있다면

    땅에 떨어진 부스러기라도

    자녀의 떡을 취하여 개들에게
    던지시지 않으시더라도

    주여 저를 도우소서
    개들도 주인의 상에서 떨어지는
    부스러기를 먹나이다

    치유하시려 더 큰 상급 내리시려
    시험하셔도 밑바닥에 내치셔도

    땅에 떨어진 빵 부스러기라도
    상에서 떨어진 작은 관심부스러기라도

    내게 족하오니
    내 병 깨끗케 하시리니

    날 자유케 하시리니
    작은 내 믿음 작다 아니 하시리니

- 「땅에 떨어진 부스러기라도」 전문

  이 작품은 마태복음 15장 21절-28절 수로보니게 여인의 이야기를 모티프로 하고 있다. 예수께서 두로와 시돈 지방으로 들어가니 여인이 소리질러 "주 다윗의 자손이여 나를 불쌍히 여기소서 내 딸이 흉악히 귀신들렸나이다" 하며 간청하니 처음에는 "나는 이스라엘 집의 잃어버린 양 외에는 다른 데로 보내심을 받지 아니하였노라"며 거절했으나 재차 "주여 저를 도우소서" 간청하게 된다. 이 때 예수는 "자녀의 떡을 취하여 개들에게 던짐이 마땅치 아니하니라" 얘기한다.

  여기에서 개(τοῖς κυναρίοις)와 자녀(τῶν τέκνων)가 대조되는데, 개는 이방인들을 가리키는 비유어이며, 자녀는 이스라엘을 의미한다고 볼 수 있다. 중요한 것은 바로 다음의 여인 얘기다. "주여 옳소이다마는 개들도 제 주인의 상에서 떨어지는 부스러기를 먹나이다." 이 말을 듣고 예수는 "여자야 네 믿음이 크도다 네 소원대로 되리라"라고 말한다. "제 주인의 상에서 떨어지는 부스러기"라고 얘기하는 것은 부스러기 같이 버려지는 은혜까지 바라는 여인의 간절한 마음을 표현한다고 볼 수 있다. 특히 "상"을 뜻하는 '트라페자'(τράπεζα)는 히브리서에서는 성소 안에 진설병과 등잔대를 놓았던 "상"과 같은 단어로 이는 곧 하나님의 은혜와 직결된다고 볼 수 있다. 시인이 "땅에 떨어진 빵 부스러기라도/ 상에서 떨어진 작은 관심부스러기라도"를 강조하며 "내게 족하오니/ 내 병 깨끗케 하시리니" 강조하고 있는 것도 이 성경이 주는 주제가 바로 수로보니게 여인의 믿음에 있음을 잘 알고 있기 때문일 것이다. "부스러기"의 작은 것 안에 영원한 은혜가 존재함을 시인은 이 여인의 일화를 통해서 보여주고 있는 것이다.

> 사위에 빛이 사라진
> 어둠만 가득한
> 골고다
>
> 암흑의 시간
>
> 정오에서 세시까지
> 흘리신 피와 물과
> 땀과 모든 것 쏟으신
>
> 적막의 시간
> 어둠으로 빛을 가리신
> 아들의 고난
> 침묵으로 천둥을 가리신
> 하나님의 죽으심
>
> 그는 진정 의인이었소
> 참 하나님의 아들이었소

우리들의 참 구주였소

너 죄인아
저 좌도左盜 같이 저주하려느냐

골고다 최초의 고백자
그 백부장처럼

그는 참 하나님 아들
참 메시아 우리의 구주라
외치나이다

목청껏 온 몸을 토해
깊은 침잠으로
노래하나이다
당신의 나라에 나도 있게 하소서

- 「백부장의 노래」 전문

　신약 성경에는 5명의 로마 군대 백부장이 나오는데 바울을 도와준 두 백부장, 가버나움 백부장, 십자가를 향해 섰던 백부장, 그리고 고넬료다. 이 시의 소재는 십자가를 향해 선 백부장을 말한다. 이 백부장의 모습은 요한복음을 제외하고 공관복음서 모두에서 나타난다. 내용은 차이가 조금씩 있지만 중요한 것은 백부장이 예수의 죽음을 의미 없이 바라본 것이 아니라 매우 진지하고 자세히 관찰했다는 것이다. (한국어 성경에서는 백부장이 '그렇게 운명하심을 보고' 말했다는 표현만 나오지만 이 부분이 영어에서는 "saw that He cried out like this and breathed His last-예수의 울부짖음과 그의 마지막 숨쉼을 보고"로 나타나기 때문이다. 말하자면 예수님의 십자가에 달리시는 동안 비방한 사람들의 행동과 백부장과는 분명 다르다는 것이다. 예수님의 크게 부르짖는 모습과 마지막 숨이 떨어지는 것을 가까이에서 (opposite) 본 사람으로서 '영광을 돌리고' 위와 같은 고백을 했다는 것 자체가 이 사람의 생각이 매우 진지하고 일관된 태도를 견지한 사람임을 말하고 있다. 이런 고백이 왜 하필 유대인이 아닌 백부장으로부터 비롯된 것일까. 예수를 종교 재판장에 세워 거짓 증인들을 부르고, 침을 뱉고, 주먹으로 때린 자들은 유대인이었다. 예수를 빌라도 총독에게 넘겨 십자가에 못 박으라고 소리지른 이들도 유대인이었다. 처음부터 예수의 죽음을 모의한 자들도 하나같이 유대인이었다. 성경에는 "자기 땅에 오매 자기 백성이 영접지 아니하였으나(요 1:11)"라는 말씀이 있다. 예수는 자기 민족에게서 버림받은 것이다. 시인은 이 작품을 통해서 "그는 참 하나님 아들/ 참 메시아 우리의 구주라/ 외치"는 백부장의 진지한 자세를 보여주고 싶었던 것이다. "목청껏 온 몸을 토해/ 깊은 침잠으로/노래하"는 백부장은 아마 시인의 뜨거운 심장과 상통하는 일면이 있었음에 분명하다.

자기 사람들을 사랑하시되 끝까지 사랑하시니
하나님께로부터 오셨다가
하나님께로 돌아가실 것을 아시고

끝까지 사랑하시니
모두 사랑하시니
온몸을 사랑하시니
발끝까지 사랑하시니

자리에서 일어나
겉옷을 벗고
수건을 가져다가 허리에 두르시고

그릇에 물을 뜨게 하소서
제자들의 발을 씻게 하소서
가장 가난한 자를 돕게 하소서
가장 냄새나는 형제를 만지게 하소서

화해와 용서의 수건을 두르게 하소서
나와 형제의 교만과 거짓을
나의 분노와 증오와 시기를 닦게 하소서

베드로처럼 거부하게 하소서
냄새나고 더러운 내 발을
온갖 악과 미움의 처소에 이른 내 발을
씻지 마소서

차라리 이 죄인을 그대로 두소서
그러나 크신 목소리

내가 씻지 않으면

　　　네가 나와 상관이 없느니라
　　　네가 나와 상관이 없느니라
　　　이미 우리의 머리부터 목 가슴 허리
　　　온 몸을 씻으시고
　　　마지막 발을 씻으시나이까
　　　발을 씻으시나이까

　　　주와 선생으로 너희 발을 씻었으니
　　　너희도 서로 발을 씻어 주는 것이 옳으니라
　　　이것을 알고 행하면 복이 있으리라

-「발을 씻기시며」 전문

　　요한복음에는 세족의식이 나온다(13:1-11). 이제 "세족의식"은 단순히 종교적인 퍼포먼스를 넘어서 다른 여러 가지 프로그램에서도 인용될 정도로 많이 알려져 있지만 당시의 유대인들은 샌들을 신고 다녔기 때문에 집에 들어가면 발을 씻어야 했고, 그래서 주인이 집에 오면 종들이 그 주인의 발을 씻기는 것이 관례로 자리하고 있었다. 성경에는 유월절 전에 예수께서 자기가 세상을 떠나 아버지께로 돌아가실 때가 이른 줄 아시고 세상에 있는 자기 사람들을 사랑하시되 끝까지 사랑하시니라(요 13:1)란 말씀이 있다. 제자들의 발을 씻기신 이유이다.

그런데 예수님께서 제자들을 사랑하심으로 제자들을 발을 씻기려 하자, 베드로는 자신의 발을 씻기지 못할 것이라고 했다. 그러자 예수님께서는 〈내가 너의 발을 씻기지 않으면 네가 나와 상관이 없다.〉라고 하셨다. 시인도 이점을 두 번에 걸쳐 강조한다. 상관이 없다는 것은 아무런 관계가 없다는 것이고, 예수님이 섬기시는 섬김을 받는다는 것은 상관이 있다는 것인데, 이는 다른 말로 표현한다면 〈자기 십자가를 지고 따라가는 것〉이고 할 수 있을 것이다. 예수님의 섬김이 바로 십자가이고, 예수님께서 제자들을 사랑하심으로 발을 씻기셨으며, 발을 씻기신 후에 "너희가 서로 사랑하면 너희가 내 제자인 줄로 알 것"이라고 하신 것도 다 이 십자가임을 알 수 있다.

예수님께서 그렇게 섬기지 않은 사람은 예수님과 무관하다는 것을 베드로와의 대화에서 말씀하시는 것도 이런 연유이다. 예수님께서는 베드로에게 예수님이 섬기신 섬김이 없으면 예수님과 상관이 없다는 말씀을 하신 것이다. 이것을 다르게 말하면 예수님의 섬김이 자신의 섬김이 되지 않으면 아무런 소용이 없다는 것을 말하고 있는 것이다. 시인이 "네가 나와 상관이 없느니라" 이를 강조하며 두 번씩이나 반복한 이유가 여기에 있다.

3. 역사와 삶에 대한 성찰과 반성

시인은 기독교 신앙에 바탕을 두고 한국 신앙시에서는 볼 수 없는 기독교의 핵심적인 내용을 거부감 없이 자연스럽게 전달하고 있다. 그러나 시인은 이러한 보편적인 진리를 넘어서서 역사적으로나 세계사적인 문제로까지 내용을 확장시킨다.

    이 땅을 우리의 정욕으로
    채우고 게우고 더럽혀
    오염된 짐승, 곤충, 박테리아
    바이러스의 땅으로 바꾼

    당신의 노함으로

    아간의 배반 같은
    게하시의 거짓 같은

    우리의 배 밖에 튀어나온
    정욕, 탐심, 내장

    오늘 여기 온역(瘟疫)으로
    사람 사이를 멀게 하시는

    더 친하라
    네 몸같이 사랑하라
    배반한 우리들에게

너희 원대로 더 멀어지게 하시며
만나 대면해 함께
밥 먹고 차 마시고 얼굴 부대끼기도
금하노라

오 새벽 닭소리에
통곡하게 하시고
속 좁은 요나 같은 우리
용서하소서

이 땅 구해 주소서
내 몸 같이 사랑하게 하소서

- 「온역(瘟疫) 앞에서」 전문

  우리는 메르스와 코로나 바이러스의 시기를 지나왔다. 성경에도 이것은 "온역(瘟疫, plague, pestilence)으로 나타나는데 '치명적인 전염병', '유행성 질병', '심각한 재앙'을 뜻한다. 대부분 불의한 자를 향해 내리시는 하나님의 심판으로서 인간을 죽음에 이르게 하는 치명적인 전염병을 의미한다(출 5:3; 삼하 24:13; 대상 21:12; 겔 14:19; 33:27). 아간과 게하시는 구약성경에 나오는 인물들이다. 아간(Achan)은 '괴롭히는 자', '골치 아픈 사람', '고통의 사람'이란 뜻으로 유다 지파에 속한 갈미의 아들(수 7:1, 18)이다. 여호수아의 지휘로 여리고 성을 함락시켰지만 하나님의 지시를 어기고 하나님의 것으로 구별되어야 할 전리품을 훔친 사람(수 7:16-21)이다. 이로 인해 이스라엘은 아이 성 전투에서 참패하게 되고, 패배의 원인이 아간의 범죄 때문임이 밝혀져 전리품들을 불사르고, 아간과 그 가족을 아골 골짜기에서 돌로 처형한 후 그곳에 돌무덤을 쌓게 된다(수 7:24-26). 게하시(Gehazi)는 '환상의 계곡'이란 뜻으로 엘리사 선지자의 시종. 순종과 거역의 극단적 양면성을 보여 주는 인물이다. 엘리사 선지자가 수넴 여인의 친절에 보답하려 할 때, 수넴 여인에게 아들이 없음을 고하여 수넴 여인이 1년 후 아들을 얻게 하였으며, 또 그 아들이 죽었을 때 엘리사의 지시로 수넴 여인에게 가서 죽은 아들의 얼굴에 선지자의 지팡이를 올려놓는 사역도 하였다(왕하 4:8-37). 하지만 게하시는 아람의 군대장관 나아만이 나병에서 나음을 입은 후 엘리사에게 사례하려 할 때, 모든 영광을 하나님께 돌리며 예물을 거절하는 엘리사 대신 뒤로 몰래 선물을 챙기다 나병에 걸리는 징계를 받았다(왕하 5:1-27). 후에 그는 수넴 여인이 잃어버린 땅을 찾으려 할 때 엘리사 선지자를 대신하여 여호람 왕에게 나아가 수넴 여인의 땅을 되찾아주었다(왕하 8:1-6).

시인은 하나님의 지시를 어기고 전리품을 훔친 아간을 "배반"으로, 몰래 선물을 챙긴 게하시를 "거짓"으로 보면서 "정욕, 탐심"을 지닌 존재임을 강도 높게 비판한다.

  사실 그렇지 않은가. 오늘날 무한경쟁으로 치닫고 있는 우리 세대는 야간과 게하시보다 훨씬 더 악한 존재들이다. 왜냐하면 주어진 것은 물론이고 남의 것이나 공공의 것을 제 것인 양 가져오거나 탈취하는 것이 다반사이기 때문이다. 그래서 "온역瘟疫으로 사람 사이를 멀게" 한다는 것이다. 비대면의 숱한 날들을 만들었다는 것이다. "너희 원대로 더 멀어지게 하시며/ 만나 대면해 함께/ 밥 먹고 차 마시고 얼굴 부대끼기도" 금했다는 것이다. 시인은 또한 우리를 "속 좁은 요나"에 비유한다. 요나는 아미타이의 아들로, 북이스라엘 예로보암 2세 때 활동하였다는 예언자다. 요나서의 배경과 무대는 구약 대부분의 책이 선민 중심의 구속 역사를 기술하고 있는 것에 반해 본서는 독특하게도 이방 나라, 특히 이스라엘의 원수 나라인 앗수르의 수도 니느웨의 구원을 중심으로 전개되고 있다. 본서는 하나님이 선민 이스라엘 백성만을 위한 하나님이 아니라 이방인들의 하나님, 곧 온 천하 만민의 하나님이심을 보여준다는 측면에서 '구약의 복음서'라 할 만하다. 그런데 요나는 그의 에피소드인 요나서는 성경의 다른 부분과는 달리 상당히 웃기는 부분이 등장한다. 처음에 애국심이 강했던 요나는 그런 잔혹한 놈들 그냥 멸해 버리시지 뭐 하러 이런 걸 시키시냐는 생각으로 야훼의 명령에 불만을 품고 니느웨와는 정반대 방향인 타르시스로 배를 타고 도망치려 한다. 한 부분만을 생각하는 이러한 옹졸한 마음을 시인은 자신의 편안함만을 추구하며 합리화 시키는 우리에 빗대면서 "새벽 닭소리에 통곡하게 하시고" 용서해달라고 간청하고 있는 것이다. "속 좁은 요나 같은 우리"를 용서하고 "이 땅 구해 주"고 "내 몸 같이 사랑하게" 해 달라고 얘기한다. 이 땅의 역사를 탐욕적인 이 세상을 누구보다 잘 알고 있으며, 역사에 대한 반성과 성찰이 있기에 가능한 인식이라 볼 수 있다.

      우리 속의 죄와 욕심으로
      태초부터 분노가 그득하니
      시기, 질투 잠재하니

      언약을 버린 아담처럼
      아우를 죽인 가인처럼 형을 속인 야곱처럼

      저주와 이기심으로
      아니 생존과 유지로
      더 나은 가족, 사회, 나라란 미명 아래

      분노와 저주를 키우고
      울타리와 파당으로
      아집을 감춰서라도 기어이 다투고
      싸우고야 마는
      교만과 나태의 종이 되고야 마는

차이를 차별해 분내고 갈등하는
마침내 싸우고 죽이는

아말렉, 미디안, 블레셋
애굽, 앗수르, 바벨론, 희랍, 헬라

일제 36년, 그리고 동족 상잔 6 25
4 19와 5 18
70여년의 갈등과 긴장

가서 형제와 화목하고
그 후에 예물을 드리라

원수된 것, 중간 담을
자기 육체로 허시고 율법을 폐하고
둘로 자기 안에 한 새 사람을 지어
화평케하시니

이 둘을 한 몸으로 삽자가로
신과 화목케 하시니

형제와 화해케 하시니
풀꽃과 들 여우와 평화케 하시니
남과 북을 만나게 하시니

- 「화해를 위하여」 전문

이 작품에는 상당히 많은 민족들이 등장한다. 성경 속에 등장 아말렉, 미디안, 블레셋, 애굽, 앗수르, 바벨론,

희랍, 헬라를 거론하면서 "차이를 차별해 분내고 갈등하는/마침내 싸우고 죽이는" 민족이라고 규정하고 있다. 이중 블레셋, 애굽, 바벨론, 앗수르, 헬라는 성경 속에 등장하는 주요 아홉 민족에 속한다. 이외에도 가나안, 수메르, 바사, 로마 민족이 있다. 이들 민족들은 끊임없이 서로 죽이는 싸움을 계속해왔다.

사사기에는 아말렉과 미디안 족속의 얘기가 등장한다. 이스라엘 백성이 여호와께 범죄하였으므로 그들을 7년 동안 미디안 사람들의 지배를 받게 하였는데 미디안 사람들이 너무 잔인했기 때문에 이스라엘 사람들은 산 속 동굴과 안전 지대로 피신해 살았다. 이스라엘 사람이 씨를 심어 놓으면 미디안 사람과 아말렉 사람과 동방 사람들이 쳐들어와 그 땅에 진을 치고 가사 지방까지 모든 농작물을 해치며 양과 소와 나귀를 모조리 약탈해 갔다. 그들은 가축과 천막을 가지고 메뚜기 떼처럼 몰려왔는데 사람과 낙타가 너무 많아 셀 수 없을 정도였다. 그들이 와서 그 땅을 폐허로 만들었으나 이스라엘 백성은 그들을 대항할 힘이 없었다.(사사기 6:1~6) 철기를 소유하고 엄청난 양의 맥주를 소비하는 "폭주가"들인 블레셋, 인류 역사상 가장 오랜 민족이면서 북쪽에는 바다, 남쪽, 동쪽, 서쪽에는 사막이 있었기 때문에 천연요새였던 애굽, 기원전 586년 이스라엘을 쳐부수고 백성들을 포로로 잡아간, 최초의 이방 국가 바벨론, 고대 역사상 가장 잔인무도한 야수와 같이 잔인한 행위를 통해 정복하고 지배했던 앗수르, 220년 동안(주전 550-330년) 역사상 가장 광대한 영토를 지닌 제국을 유지했던 바사(페르시아), 헤로도투스, 히포크라테스, 소크라테스, 플라톤, 아리스토텔레스 등 유명한 사람들이 다수 배출된 헬라 등 결국에는 많은 민족들이 출몰하면서 세계사는 화해보다는 갈등과 죽음의 역사였음을 시인은 얘기한다.

여기에서 끝나는 것이 아니라 한국사도 마찬가지. "일제 36년, 그리고 동족 상잔 6 25,/4 19와 5 18 /70여 년의 갈등과 긴장"을 얘기한다. 그런데 시인은 우리의 역사를 얘기함에 "가서 형제와 화목하고/ 그 후에 예물을 드리라"고 한다. 사실 한국의 역사는 같은 민족, 한 형제의 다툼에서 비롯되고 있음을 시인은 잘 알고 있기 때문이다. 기독교 신앙에서 화목은 교리의 가장 큰 근간인 빛과 소금의 진리에서 소금과 같은 의미로 쓰인다. 맛을 내는데 소금이 가장 중요한 것이라면 소금은 자신의 형체를 없애고 스며들어야 진가를 발휘하므로 겸손과 화해가 그 요체임을 알 수 있다.

시인은 이를 "원수된 것, 중간 담을/ 자기 육체로 허시고 율법을 폐하고/ 둘로 자기 안에 한 새 사람을 지어/ 화평케" 함을 얘기한다. 예수의 희생을 남과 북의 가로

막은 담을 "자기 육체로" 헐어 자기 안에 새 사람 곧 '한 몸의 십자가"로 화해를 이루었다는 것이다. 그러니 남과 북은 결코 다투어서는 안 되는 것을 강조하고 있는 것이다.

> 나를 배반한 친구들 아우들
> 분노로 갈기 새우고 말려오는 파도
>
> 분노로 밀려오는 파도에 난파된
> 그대 영혼
>
> 침잠하는 분노 다시 갈기 새우고
> 달려오는 알레그레토 증오
>
> 마침내 잔잔해지는
> 화해하라 용서하라
>
> 한 번이라도
> 다시 일곱 번씩 일흔 번이라도
>
> - 「템피스트 Tempest」 부분

「템피스트 Tempest」에서도 시인의 사고는 역사와 삶에 대한 반성과 성찰적 자세를 담고 있다. 우리는 얼마나 자기 아집과 이익에 매몰되어 있는가. 상대를 인정하고 받아들이는데 너무 인색하다. "마침내 잔잔해지는/

화해하라 용서하라" 다짐하는 시인의 자세는 진지하다. "한 번이라도/ 다시 일곱 번씩 일흔 번이라도" 용서하는 삶은 화해의 삶이자 승리의 삶이다. 시인은 또한 역사에 대한 진지한 인식은 역사 속에 잊혀진 장소나 대상들을 찾아 이를 작품 속에 재구성하여 독자들에게 일깨워주고 있음을 볼 수 있는데 이를테면 "만주벌판"이나 "암각화" 등이 이에 속한다.

> 거기 흰 옷 입은 백성들
> 일하고 낳고 거두며
> 땀 흘리며 노래하며
> 대를 이어
>
> 늑대 새끼를 키우듯
> 올빼미 어린 것을 돌보듯
>
> 마적과 싸운 아지매들의 치맛단
> 허름한 옷소매에도 선연한 독립군
> 그 피맺힌 눈 빛
>
> 논밭 일구며 땀 흘리던
> 말 달리며 달리며
> 활 쏘며 쏘던
>
> 후예들 이제 불굴 정신으로
> 여기 묻힌 선열들의 피땀으로

       땅을 이어 번영하리
       강물이어 산하를 적시리

       이 땅이 네 백성이다
       이 곳이 네 어머니다

- 「만주 벌판」 부분

  역사 속으로 사라진 "대,소흥안령 길림 흑룡강/ 만주의 가을 산"을 살려낸다. 시인의 상상력은 "거기 흰 옷 입은 백성들/ 일하고 낳고 거두며/ 땀 흘리며 노래하며/ 대를 이어"가는 것에 초점을 맞춘다. 그리하여 종국에는 "늑대 새끼를 키우듯/ 올빼미 어린 것을 돌보듯// 마적과 싸운 아지매들의 치맛단/ 허름한 옷소매에도 선연한 독립군"까지 불러낸다. 그러기에 시인이 마지막 결론을 내는 "이 땅이 네 백성이다/ 이 곳이 네 어머니다"라는 인식에 충분히 공감하게 된다.

       카스피해와 흑해 사이
       산과 들판을 달리던

       바닷가 어느 산등성이
       바위들 숲을 이루고

       뾰쪽한 바위들 힘을 자랑하고
       포근한 모성으로 작은 둥근 바위들

둘러 쌓인 동굴에

그대들의 사랑
험한 그대들의 생활
모여 그린 이상향

소떼들 염소들 수양들
망아지 저만치 뛰노는

---(중략)---

유라시아의 별
동방의 불빛
아름다운 아침의 땅이여

다시 만주, 연해주 건너
두만 우수리 에니세이 레나강 넘어
바이칼 건너
천산 우랄 넘어

다시 만나리
환하게 꽃 피우리

- 「암각화의 그대와 우리」 부분

 이 작품은 "카스피해와 흑해 사이" 작은 바위들의 동굴에 그려진 암각화를 보고 "선사先史의 어느 들판에/ 말 달리던" 그들의 꿈에 대한 경의를 보여준다. 그런데 중요한 점은 그들의 사랑과 이상향이 "저 우랄 넘고 저 천산天山 넘어/ 바이칼 돌아 홍안령도 넘고/ 백두와 압록 두만강 건너" 한반도의 우리에게로 와서 "환하게 꽃 피우리"라는 소망을 담고 있다는 사실이다. 「철조망으로 빚은 평화 십자가」에도 시인의 역사의식은 유감없이 드러나고 있는데 "오랜 DMZ 철조망"이나 "이산離散과 눈물의 강"이 그대로 굳어져버린 현실이 아니라 "기다림 산 되어, 그리움 강물되어/ 높아진 분단의 절벽 넘어// 우리의 소망 평화와 통일/ 세계에 알리고 공감하는/ 이 땅의 평화"가 되리라는 강렬한 기원을 담고 있다.

우리는 지금까지 김홍섭 시인의 작품에 대해 살펴보았다. 시인은 첫째로 소소한 것들에 대한 사랑과 관심을 가지고 시적 대상에 접근한다. 그러므로 큰 것 보다는 작은 것에 시선을 집중한다. 역사가 승자의 몫이라면 시인은 상처 받고 다친 것의 편, 작은 것에 시적 감동이 존재함을 잘 알고 있는 것이다. 둘째로 신앙에서 오는 신뢰와 믿음을 아주 자연스럽게 풀어낸다. 더욱이 기독교 신앙에 바탕을 두고 한국 신앙시에서는 볼 수 없는 기독교의 핵심적인 내용을 보편적인 진리를 넘어서서 역사적으로나 세계사적인 문제로까지 내용을 확장시킨다. 또 시인은 역사에 대한 진지한 인식을 보여준다. 역사 속에 잊혀진 장소나 대상들을 찾아 이를 작품 속에 재구

성하여 독자들에게 생생한 역사적 상상력을 불러일으키고 있다. 민족에 대한 자긍심이 자신도 모르게 느껴지게 하는 역동의 힘을 가지고 있다.

| 발문 |

구도적 구원성이 신앙의 언어로 구현

문창길 | 시인

　김홍섭 시인의 이번 시집은 인간에 대한 사랑이 지극하게 담겨있다. 특히, 그는 자기 삶에 최선을 다하는 민중들의 질박한 삶을 애정어린 시선으로 표현해내고 있다. 예컨대 네팔의 어느 산길에서 먼지를 뒤집어 쓴 채 바작을 짊어지고 가는 노인의 발길에서 자신의 생을 성찰하는가 하면, 그 상대를 사람살이의 동반자적 애정으로 대상화하고 있다. 마찬가지로 인간의 죽음과 삶이 교차하는 인도의 갠지스강가에서 시인의 태도는 초월적 시공간을 넘나드는 시적 관념을 습합시키고 있다. 이렇듯 김홍섭 시인의 시는 한마디로 믿음을 바탕으로 한 신앙적 리얼리즘시라 말할 수 있는 것이다.

예를 들어 우리들의 어머니이기도 한 어느 할머니의 절실한 뒷모습을 보여주는 시에서 당위한 여성 민중의 상징성을 명확하게 표현하고 있다. 따라서 시인의 시적 모티브는 신앙생활에서 다져진 인간 사랑과 믿음이 기초되어 있다고 평가하지 않을 수 없다. 그의 기독교적 상상력과 구도적 구원성이 신앙의 언어로 구현되고 있고, 수위 높은 문학성으로 승화되고 있는 것을 우리는 읽을 수 있다.

| 발문 |

비상하는 주체의 소리 없는 사유와 물듦의 언어

염선옥 | 시인, 문학평론가

　대학에서 본업을 충실히 이행한 후에도 시심詩心을 놓지 않았던 김홍섭 시인이 7년 만에 세 번째 시집을 내놓았다. 『오후의 한때가 오거든 그대여』(2010), 『기다림은 힘이다』(2017)에 이어 『나는 어떻게 물들고 있을까』(2024)에서 시인은 삶의 '물듦'에 대하여, 그리고 용서와 화해, '우리'라는 연대의 가능성에 대하여 노래한다. 먼저 시인은 공감을 결여한 채 펼쳐지는 '개성'이라는 이름의 세계들을 넘어서고자 한다. 존재에게 영향을 미치는 이념으로부터 탈주하고자 피안의 세계로 나아가는 현대인의 삶에 경종을 울리려고 한다. 이러한 변화를 통해 시인은 개인으로서의 '나'와 집단의 일원으로서의

'나'의 모습까지 시선을 확장해가며 현대인의 삶을 파악하고 표현해간다. 그의 시에 민족주의적 역사의식이나 서정적 온축을 담은 '나'의 모습이 동시에 포착되는 것도 그런 연유일 것이다. 소문자 '나'와 대문자 '나'는 언뜻 분리된 것처럼 보이지만, 그의 시에서는 서로 분리되지 않은 모습으로 끝없이 현현한다.

 평범한 서정시가 고단한 삶을 피안의 세계로 이끄는 것이라고 한다면 김홍섭의 시는 피안의 세계로 도피한 '나'를 데려와 현세적 삶으로 옮기면서 주체가 살아가야 할 방향을 조명하는 데 독자적인 특징을 가지고 있다. 흔히 현대 청년들에게 사용하는 '추락'의 은유들은 사회적 주체로서 실패했다는 함의를 거느리지만, 김홍섭 시인에게 추락의 은유는 도덕적 삶과 관계하는 역동적 주체로의 이행을 의미한다. 그의 시는 추락하는 주체의 삶을 생생하게 보여주면서 도덕적 추락으로 가지 않는 주체의 비상을 통해 타인들과 어울리며 물들어가자고 우리에게 제안한다. 이는 바슐라르가 추락에서 심연을 창조(가스통 바슐라르, 정영란 옮김, 『공기와 꿈』, 이학사, 2020, 173쪽)하려 했던 것과 유사한 방식이다. "우리가 나이 들어/한 오, 육십 아니 칠, 팔십 되어//머리 희끗하고/귀도 좀 덜 들리고/눈도 덜 초롱할 때//어느 봄날 뒷산 모퉁이/작은 공원 벤치에 앉아…(중략)…벗이여/오늘 즐거이 살자/열심히 오늘을 노래"(「우리가 나이 들어」)하는 존재가 되기를 촉구한 것이다. 삶이라는 중력에서 도덕적 주체로 회복해가는 과정을 통해 시인은 상상력의 비상이라는 양력으로 우리 삶이 "바람과 하나" 된 채 "유유히 구름타고 시공時空을 나르"는 "날개 짓"으로 "오늘을 나르"(「함께 나는 기러기」)기를 바란 것이다.

　김홍섭 시인은 전쟁뿐만 아니라 타자를 적대시하며 경쟁하는 모든 상황에 대한 비판적 시선을 견지하고 있다. 전쟁이 근대적 열정과 문명의 산물로서 타자로서의 이웃을 지배하고 영토를 손에 넣기 위해 벌이는 행위였다면(이-푸 투안, 윤영호·김미선 옮김, 『공간과 장소』, 사이, 2020, 264~266쪽), 그러한 이데올로기는 한 개인을 비인간적 존재로 탈바꿈시키는 데 공헌해왔다고 할 수 있다. 다시 말해 타인을 수단으로 삼고 자신의 지배 아래 두고자 하는 욕망이 바로 전쟁의 근원이라고 할 때, 현대의 노동도 전쟁과 유사성이 있다는 것이다. 인간은 타자화된 자연환경을 인위적 노력으로 제압하고 거기서 필요한 양식을 취함으로써 생존을 유지해왔으며 '나'의 안위와 생존을 위해 타인을 배려하지 못했다. 김홍섭의 시적 주체는 "바람과 하나 되어/저녁 햇살 등에 지고/만공滿空을 나는 기러기"에게서 "우리들 함께하면

/바람과 달빛과 어울리며/구만리 먼 길도 멀지"(「함께 나는 기러기」)가 않을 것이라는 믿음과 희망을 발견한다. 그렇게 그에게서 '하나'의 의미는 타자를 적대시하지 않고 '나'를 존재답게 하는 '너'(강영안, 『타인의 얼굴-레비나스의 철학』, 문학과지성사, 2005, 170쪽)를 초대하는 일에 가깝다. 폭력과 갈등, 전면적 전쟁의 근원에서 벗어나 모든 사람이 타인으로부터 구속받지 않고 자유와 독립성, 그리고 자신의 행복을 추구하는 차원을 지향한다. "물의 용서를 받아/흙과 화해하는 우리 모두/화해하고 용서하는//낮은 곳으로 흘러 흘러 모두를/용서하는 물처럼//모든 아픔 품고 삭히며/기다려 마침내 화해하고/하나되는 흙처럼//우리 기도 더 깊으면/우리 용서 더 넓으면//그날이 올 테니/한강물 다시 솟고/동해물 춤추며//한반도 만주 연해주/평화 통일/그날이 오고야 말 테니"(「그날이 올 테니」)라는 표현에서 조명하는 것은, 이데올로기가 주체의 삶에 미쳐왔던 영향을 중지하고 타인을 부정하지 않는 '나'를 통해 우리 모두를 구원하고 "화해하고 용서하는" 과정으로 나아가려는 것이다. 고통받는 타인의 모습을 목도하면서, 타인의 고통을 나의 고통으로 인화(印畵)하는 것이다. 결국 시인은 "그의 성스러운 사랑으로/그의 깊은 자비로//나의 아픔이 슬픔이/나의 더러움이/깨끗해"(「옷자락이라도」)질 수 있듯이 '나'의 사랑이 '너'의 아픔과 슬픔을 위로하며

마침내 우리의 얼룩진 관계가 깨끗해질 수 있다고 믿는 것이다.

김홍섭의 시는 세상을 살아가는 이들이 회복해야 할 것들의 간절함을 담고 있으며 타자를 적대시하는 삶에서 탈피할 때 비로소 함께 어울리며 물들어갈 수 있음을 주지시킨다. 말이 지니는 물질적 힘은 정신을 가로지르는 것에 있지 말의 화려함에 있지 않다는 시인의 태도는, 이상향을 만들어 도피하는 대신 메마른 현실 풍경을 걸으면서도 물듦과 어울림의 주체가 될 수 있음을 환기한다. 김홍섭 시인의 시에의 초대는 자연이 말하고 우주가 말하고 그것을 옮겨가는 시인의 세계를 만나는 일이 된다. 그와 어울리는 의미를 통해 우리는 추락과 하강의 세계에서 비상의 주체로 거듭나게 되는 것이다.

김홍섭 시인

성균관대(대학원)경영학과, 서울대대학원 졸업. Canada, Trinity Western Univ.(TWU) 초빙교수. 해양수산개발원/교통연구원/국토연구원/인천발전연구원 연구자문. 건군34주년(1982년)기념 전우신문 시 당선. 5월문예상 수상(수필부문/세계한인문학가협회, 중앙일보(벤쿠버) 주관). 2010년 『문학세계』 신인상 등단(「오후의 한 때가 오거든 그대여」 등 시 5편). 시집 『오후의 한 때가 오거든 그대여』 『기다림이 힘이다』 출간. 한국시인협회 회원. 창작21작가회 이사. 상황문학회 회장. 강남시문학회원. 기독교문학가협회 회원. 인천YMCA 이사장. 인천대 명예 교수.